MEASURING
OPERATIONAL
AND
REPUTATIONAL
RISK

操作风险与声誉风险度量手册

著

[意] 伯特·克里拉德（Bert Crielaard）
[意] 丹尼尔·鲁斯潘蒂尼（Daniele Ruspantini）
[意] 奥尔多·索普拉诺（Aldo Soprano）
[意] 法比奥·皮亚琴察（Fabio Piacenza）

奚胜田　刘睿　李如一　译

中信出版集团｜北京

图书在版编目（CIP）数据

操作风险与声誉风险度量手册 /（意）奥尔多·索普拉诺等著；奚胜田，刘睿，李如一译. -- 北京：中信出版社，2021.4

书名原文：Measuring Operational and Reputational Risk

ISBN 978-7-5217-2886-6

Ⅰ. ①操… Ⅱ. ①奥… ②奚… ③刘… ④李… Ⅲ. ①金融风险防范—手册 Ⅳ. ①F830.2-62

中国版本图书馆CIP数据核字（2021）第042488号

Measuring Operational and Reputational Risk: A Practitioner's Approach
by Aldo Soprano, Bert Crielaard, Fabio Piacenza, Daniele Ruspantini.
ISBN: 978-0-470-51770-3
© 2009 by John Wiley & Sons Ltd, The Atrium, Southern Gate, Chichester, West Sussex PO19 8SQ, England.
All Rights Reserved. This translation published under license. Authorized translation from the English language edition, Published by John Wiley & Sons. No part of this book may be reproduced in any form without the written permission of the original copyrights holder. Copies of this book sold without a Wiley sticker on the cover are unauthorized and illegal.
Simplified Chinese translation copyright © 2021 by CITIC Press Corporation.
ALL RIGHTS RESERVED.

本书仅限中国大陆地区发行销售

操作风险与声誉风险度量手册

著　　者：[意] 奥尔多·索普拉诺　　[意] 伯特·克里拉德　　[意] 法比奥·皮亚琴察　　[意] 丹尼尔·鲁斯潘蒂尼
译　　者：奚胜田　刘睿　李如一
出版发行：中信出版集团股份有限公司
　　　　　（北京市朝阳区惠新东街甲4号富盛大厦2座　邮编　100029）
承　印　者：北京诚信伟业印刷有限公司

开　　本：787mm×1092mm　1/16　　印　　张：16.25　　字　　数：174千字
版　　次：2021年4月第1版　　　　　　印　　次：2021年4月第1次印刷
京权图字：01-2009-5260
书　　号：ISBN 978-7-5217-2886-6
定　　价：59.00元

版权所有·侵权必究
如有印刷、装订问题，本公司负责调换。
服务热线：400-600-8099
投稿邮箱：author@citicpub.com

献给我的祖父费立波,感谢他提出的非同一般的建议,还有每个周日一起收听足球比赛广播……

献给斯黛菲,感谢她的耐心和智慧。

献给我的妻子艾瑞卡和我的父母。

永远怀念马特欧·帕凡。

序言

《操作风险与声誉风险度量手册》这本书与市面上现有的同类书相比，有着一个明显的优势：它提供了科学、严谨、以实证为基础的风险度量方法，并且结合了大型多元化金融集团意大利联合信贷集团（Unicredit Group）的高级风险管理者的专业经验和视角。

这个重要的优势体现在本书的每章内容里。作者仔细地将基于理论和分析的扎实方法，与他们在欧洲最大的银行集团担任风险管理者时的现实经验教训结合了起来。这家银行集团一直走在风险管理和资本管理实践的前沿。这样的结合为读者提供了一个有用的视角——不仅在方法论方面，还在与风险管理有关的实证和组织方面。这在同类书中是很少见的。

我认为叙述保险单和风险转移这一章提供了重要的附加价值——具有丰富的细节信息和分析。在这一章中，作者从内部知情人的角度清晰地提出了相关风险管理政策的潜在优势和方法论。尽管这些政策的效率在提高，针对的风险的覆盖范围在扩大，但是在银行业中仍属于相对陌生的领域。

最后，我认为有关声誉风险的章节很可能是本书中最有价值、最具原创性的部分。尽管近年来出现了很多关于操作风险的图书，但风险管理行业和学术领域却对声誉风险关注较少。然而，在最近的国际金融危机中，它的重要性和潜在危险已经凸显无疑。声誉风险这一章的内容也与本书其他章节一样内涵丰富，其中有许多生活中的真实案例分析，可以帮助读者深刻地领会这种风险的相关意义，以及本书中提出的多种可应用的方法。

我相信，奥尔多·索普拉诺、伯特·克里拉德、法比奥·皮亚琴察和丹尼尔·鲁斯潘蒂尼合著的这本书将会成为操作风险和声誉风险领域中的风险管理者、监管者和学术研究者的必备工具书。

安德里亚·塞罗尼（Andrea Sironi）

意大利博科尼大学校长

前言

在全球金融市场以及媒体的持续关注下,管理操作风险和声誉风险对国际企业来说正在变得越来越重要:短期来看,国际企业会感受到其对客户产生的影响和后果;长期来看,其会影响到国际企业增长的持续性。一家金融机构的声誉——被视为客户、对手、监管者关于公司可信度的看法——与其风险管理的能力越来越紧密相关。相关的声誉风险和操作风险事件会影响到企业的市场价值,并有可能造成严重后果,限制企业利润率和未来成长空间。如今的企业已经彻底认识到,发展和提升操作风险和声誉风险控制能力是获得成功的一个关键因素。

评估和监控银行的声誉风险暴露有利于促进承销业务的发展,增强信用的管理,提升银行与客户、投资者和政府的关系。类似地,结构化的操作风险控制将会加深银行对于流程的理解,并反过来提供分析性成本动因、更高的效率和服务质量,从而降低损失和成本。监控操作风险也有助于许多问题的解决:定期监控风险指标包括操作损失率以及客户诉求,将使关键问题得以识别和解决。

声誉风险和操作风险管理将带来更广泛的监控活动,而对企业收入的衡量将以实际发生的成本为基础。另外，它还有利于改善客户关系，从而改善市场对企业的看法：它可以强化留住客户以及获得新客户的能力。如今，管理者已经意识到了企业的社会和环境责任，它们是企业声誉风险管理政策的驱动因素之一。

公司的管理层必须评估操作风险和声誉风险的资本影响：对于及时准确的决策而言，基于风险调整的绩效度量是必需的，并且应在经济附加值（EVA）、风险调整后报酬对风险调整后资本（RARO-RAC）等常用指标中纳入操作风险和声誉风险的内容，从而做出精确的收益分析和投资决策。

《巴塞尔协议Ⅱ》中增加了专门的操作风险要求，并对第二支柱中的资本管理框架进行了全面的经济资本调整，为金融业建立了更好的风险度量标准，最终为改善控制系统、提高收益铺平了道路。

操作风险一直被监控着，但《巴塞尔协议Ⅱ》鼓励更加结构化的分析和管理。近年来，联合信贷集团已经建立了专门的风险管理部门，该部门正在为集团尽可能快地向监管机构申请高级度量法做准备。

我们在集团内部和外部广泛进行的对不同建模方法的测试、讨论和基准比较，最终促成了共识的达成，并在集团范围内得到实施。当然，部分内容在本书中可以找到。

一个基本的选择是，使用损失分布法作为评估操作风险暴露的主要方法，而不是使用基于情景的方法。同样，基于与其他银行集团的讨论，我们发现不同的银行机构既有同样的风险暴露问题，也有区别于其他银行机构的独有特征。这些区别源于不同的组织结构、流程、产品和市场。文化差异也影响了各个银行的行为和独有的历史经历。我们得出结论：通过将实际发生的损失作为核心建模因素，个体特征和风险暴露将在分析中得到最佳显示。第2章将专门描述专注于内部损失数据的计算数据集的建立方法。

我们认为，基于情景的操作风险度量方法存在几个关键问题。一个基本的障碍在于如何确保分析结果的客观性。举例来说，对内部损失数据而言，经审计的核算数据可以用于进行数据校验。根据我们的经验，情景分析结果在很大程度上受到讨论情景者个人经历的影响。简而言之，通常经历过操作问题的人倾向于高估再次发生的风险，而从未经历过操作问题的人则会低估风险暴露。在现实生活中，情况当然更加复杂，然而这类风险明显存在。基准有助于减少这些倾向，但是在我们看来，这还不够。

损失数据法以内部损失为基础。由于联合信贷集团在业务、产品、地域上都是一个大型的、多元化银行集团，它可以提供一个广泛、可靠的数据库用于估计操作风险。

尽管内部数据为操作风险分析提供了基础要素，但我们也认识到这些数据并非最理想的数据。一方面，它们反映的是过去发生的事件，因此无法将当前出现的流程和控制的变化考虑在内。另一方面，它们只能反映实际发生的事件，而非潜在的风险。本书描述了我们认为比较实用的在风险暴露分析中整合内部数据的方法，这种方法有利于在评估中找到潜在的损失和暴露。这包括分析其他银行机构的损失（即外部损失）、监测反映风险暴露的内部指标的变化趋势，以及专门的情景分析。通过使用这些"最坏情景"，以便在分析中发现低频率/高损失的风险暴露。

操作风险建模的一个实际应用是保险管理。过去，保险决策主要基于简单的索赔/保费比率和分析师的经验。如今将有一个更细致的分析来支持这个决策过程。由于有更多的信息可用，我们可以更好地分析可供选择的保险保障的影响。

我们坚信，保险管理在风险覆盖和成本效率方面得到了提高，银行操作风险部门将能够积极地运用保险（风险）管理。本书对保险建模、围绕保险管理的问题以及风险转移都进行了详细描述。

毋庸置疑，在过去几年中，从操作风险分析中学到的一课就是，可想象的所有操作事件都有可能发生。

目录

第 1 章　联合信贷集团操作风险管理发展历程 ／ 1

1.1　联合信贷集团简介 ／ 1

1.2　创建新职能 ／ 2

1.3　开发新的监控系统 ／ 3

1.4　最初面临的挑战 ／ 4

1.5　操作风险度量方法 ／ 4

1.6　培训与内部交流 ／ 5

1.7　国际监管面临的挑战 ／ 6

1.8　声誉风险管理 ／ 7

第 2 章　计算数据集 ／ 9

2.1　定义 ／ 9

2.2　经验法则 ／ 10

2.3　内部损失数据 ／ 13

2.4　最小损失阈值 ／ 22

2.5 外部损失数据 / 23

2.6 商业环境和内部控制因素 / 27

2.7 情景分析 / 27

2.8 保险信息 / 28

2.9 数据换算 / 29

2.10 联合信贷集团操作风险数据库的演变 / 30

2.11 最终考虑 / 31

第3章 损失分布方法 / 33

3.1 计算数据集的建立 / 35

3.2 LDA 基本框架 / 41

3.3 操作风险类型 / 43

3.4 参数估计和拟合优度方法 / 51

3.5 极值理论的应用 / 63

3.6 g-h 分布理论 / 67

3.7 操作风险资本计算 / 71

3.8 保险建模 / 84

3.9 对风险指标的调整 / 94

3.10 操作风险类型的加总 / 96

3.11 操作风险资本的闭式近似 / 111

3.12 风险资本的置信带 / 116

3.13 压力测试 / 117

3.14 最小阈值条件下的损失数据 / 118

3.15 Algo OpData 的实证应用 / 120

3.16　监管资本要求 / 165

3.17　经济资本要求 / 170

3.18　预算过程中操作风险的整合 / 176

第4章　保险合同分析 / 179

4.1　保险管理和风险转移 / 179

4.2　《巴塞尔协议Ⅱ》中的资格标准 / 181

4.3　传统保险的实际应用 / 186

第5章　声誉风险管理 / 195

5.1　声誉风险介绍 / 195

5.2　金融机构的声誉风险暴露 / 197

5.3　声誉风险管理的政策性问题 / 199

5.4　声誉风险度量 / 201

5.5　声誉风险事件案例 / 219

结论 / 231

参考文献 / 235

延伸阅读 / 237

致谢 / 243

第 1 章　联合信贷集团操作风险管理发展历程

1.1　联合信贷集团简介

联合信贷集团是一家大型国际金融集团，为全球数百万客户提供服务。其业务涵盖零售和批发银行服务、私人银行服务、资产管理和国际投资银行服务。该集团源于意大利一个最古老的金融机构，早在 19 世纪就通过开拓新市场和收购实力雄厚的银行来发展壮大自己。如今，它已经是欧洲大陆的银行业巨头。联合信贷集团的快速发展得益于清晰的战略、强有力的执行力、丰富的管理经验，以及深厚的风险管理文化和对过程控制的高度重视。这也是操作风险管理过程中的主要推动因素。联合信贷集团一直非常重视风险监控和风险评估，从最高管理层开始，全力支持投资创建操作风险管理职能。通过有效的风险监控和评估，联合信贷集团成功地为客户提供了优质服务，提升了客户忠诚度并获取了更大的市场份额。

近年来，随着旗下新一批银行和金融服务公司的成立，联合信贷集团加强流程管理和操作风险监控已迫在眉睫。然而，在如此快速发展的多元化集团中实施操作风险监控并非易事。尽管困难重重，集团最高领导者还是决定迎接挑战，加大操作风险监控的投入。

1.2　创建新职能

操作风险管理是 2001 年的《巴塞尔协议Ⅱ》提出的一项新要求。当时，审查银行风险管理的监管机构引入"操作风险"概念。然而，"操作风险"概念并不明晰，需要做进一步阐释。我们将在下一章具体说明这一问题。根据协议的定义，操作风险管理需要有一个专门的操作风险监控职能部门去监控不同类型的风险。但在许多银行，操作风险监控并没有被赋予一个无可替代的职能。相反，操作风险监控被分配到了各种流程中，并涉及许多职能。内部审计人员、信息技术部门、安全监管人员、信贷承销商、人力资源经理、公司内部的不动产管理者、会计人员、策划者以及许多其他相关人员等都在参与操作风险管理。《巴塞尔协议Ⅱ》要求有专门的流程和职能相互协调以监控不同类型的风险。除了少数国际银行外，操作风险管理对许多金融机构来说是全新的流程，需要界定职责、协调部门关系、开发新的监控工具，以及招聘和培训新员工。总之，它们需要独立自主地建立一套可能是最复杂的监控流程，并且没有可依据的标准，没有资深顾问和操作风险管理者，也没有专门用于风险管理的信息技术系统。

要解决的首要问题是明确新职能的规则和职责。我们编写了《操作风险管理规章手册》，详细列明了风险管理者的职责，以及与其他职能部门和集团总部风险管理部门的协调关系。根据联合信贷集团的具体情况，必须明确各子公司操作风险管理者的职责和部门间的协调关系，以巩固集团总部的风险管理职能。经内部审计和其他职能部门审核，集团风险管理委员会和董事会批准了这份手册。整个操作风险管理流程建设成功地迈出了第一步。

1.3　开发新的监控系统

操作风险管理既没有像摩根大通所推出的可以量化市场风险的"风险矩阵"模型，也没有任何公认的标杆方法。《巴塞尔协议Ⅱ》没有阐明度量和监控操作风险的具体方法，而只是指明了大致方向，以及总的要求和基本原则。协议虽然为风险管理提供了总的思路，但也给监控流程和测试方法开发留下了许多不确定因素。由于缺乏标准测试方法论、监管工具、监管流程和参考文献，银行想开发先进的风险管理解决方案也变得困难重重。而且，银行也不确定使用先进的解决方案是否能缓解资金压力，带来实实在在的监控优势。当时，我们唯一可以借鉴的便是银行监管机构的操作风险损失数据集。在2001年，我们揣测银行的操作风险与某一损失类型相关联。因为大部分银行是在《巴塞尔协议Ⅱ》实施后才开始区分风险损失类型的，最初的风险损失数据不尽如人意。

新的操作风险职能致力于收集损失数据以供风险管理经理、审计人员、后勤办公室、人力资源部门和会计参考。相对来说，由盗窃、抢劫和不动产损坏造成的损失容易评估，而由于结算或信息技术系统损坏带来的损失却很难被量化。

1.4 最初面临的挑战

在操作风险管理框架开发初期，我们主要面临如下困难：没有方法，没有开发基准，没有资深的操作风险项目经理，对设置监控流程没有共识，没有参考文献，没有来自监管机构的具体要求，没有现成的工具和专业的咨询。

对联合信贷这样一个大集团实施日常操作风险监控，需要专业的信息技术工具从集团的流程和数据库中收集信息。但在 2001 年，市场上还没有这样的信息技术工具，于是我们整合集团内部资源，自行开发了许多风险监控应用程序。集团信息技术开发部门协助操作风险管理团队开发了第一个应用程序。操作风险管理体系的核心架构包括清晰的管理领域或模块，如损失数据收集、风险指标、情景分析和操作过程映射。操作过程映射并非架构必须包含的功能，因为它在实际操作中很麻烦，不容易维护，而且不能产生较大的附加价值。这些模块已分阶段发送给操作风险管理者，并根据反馈意见不断进行优化。

1.5 操作风险度量方法

度量操作风险面临的最大问题是操作风险本身概念不清晰，没有仔细区分操作风险和其他风险，如信贷市场风险或程序调整。这些问题是我们度量操作风险面临的最大挑战，度量结果直接影响银行资本。因此，我们仔细区分了确定的操作风险和可能的操作风险。确定的操作风险可以通过损失来度量，并且反映了银行的风险头寸。

可能的操作风险是指基于损失度量出来的风险，并不能全面及时地反映银行的操作风险，还需要考虑除亏损以外的其他因素。我们相信，损失只是某些操作风险引起的，并非所有的操作风险都会导致损失。我们认为，从损失发生到损失入账之间存在很大的时间间隙，特别是那些决定银行资金风险的重大损失。但有些人认为，这样的操作损失入账能正确反映风险，因为银行年复一年地记录风险，一方面能明确时间间隙，另一方面能有利于及时入账。

1.6 培训与内部交流

我们最初面临的最大困难是清晰无误地阐释操作风险的概念。很多人误以为操作风险只是审计层面的进一步延伸，因此我们花了很多时间和各级员工沟通，一再强调它的特殊含义，而当时没有现成的培训课程，我们自行设置了针对不同需求的由浅入深的培训课程。从出纳到客户经理，所有有不同工作经历和技术特长的员工都可以通过这些培训课程逐步了解与操作风险相关的概念。我们首先设计了一门基于网络的入门课程，向员工介绍《巴塞尔协议Ⅱ》中的主要概念、操作风险的定义、操作风险监控的职能与职责、操作风险管理部门与其他部门的互动关系、操作风险管理的基础以及损失数据收集方法。随后培训课程逐步升级，但基本目的不变，那就是简单介绍操作风险的相关概念，以及监管部门和流程的要求。

针对全体员工的通用培训完成后，我们对新招聘的操作风险管理者实施特殊培训。这些管理者都是经验丰富的银行从业人员，如内部审计员、零售分行经理、交易员、后勤人员、会计等。同样没有现成的培训课程，我们自行开发了风险度量方法论和风险监控流程。第一期课程关注损失数据收集与分类。最初我们要求学员分析账面盈亏，区分操作损失类型。对于无财会经验的学员来说，要理清联合信贷集团的账面盈亏并不容易，毕竟集团的业务涵盖大型零售银行运营、国际投资银行业务以及资产管理业务。因此，我们着重让学员理解账面盈亏逻辑、国际会计准则（IAS）与国际财务报告准则（IFRS）的原则和法则，以及如何合并会计报表。我们认为这些都是风险管理者需要掌握的内容，而不是一有这方面的问题就求助于会计部门或外部顾问。我们关注损失数据收集，相信它有利于理解公司风险暴露和管理流程，有利于让操作风险管理者与其他部门互动，并有利于预测操作风险。

1.7 国际监管面临的挑战

联合信贷集团在意大利证交所上市，其监管机构是意大利银行。联合信贷集团旗下的银行与金融业务覆盖20多个国家和地区，因此监管关系十分复杂。

根据《巴塞尔协议Ⅱ》，各国应该设立一个专门的监管机构去实施协议的原则和指导方针，遵守本国的监管法规和原则。

要保证操作风险监管的方法、体系、规则和标准的一致性，我们认为最好的方式是给各公司设立一个最低的操作风险监管标准，同时允许各公司的操作风险管理者根据业务或本国的监管要求，将这些标准与其他具体的监管措施结合起来，如专案报告或分析。这种灵活的策略一方面有利于公司实施适应于其组织结构和流程的监管措施及定制分析报告,以优化其监管框架;另一方面也促进了与监管当局的公开对话,并有助于已经开发了操作风险管理框架的公司之间的融合。

由于联合信贷集团复杂的业务结构和市场需求,我们必须收集合适的外部损失数据。最初我们关注意大利操作风险数据协会的损失数据库。尽管此数据库对我们有一定的帮助,但随着集团的不断发展壮大,我们需要寻找一个能披露操作风险的数据源。于是,我们开始从一些公共渠道,如报纸和网络上收集其他财务机构的损失数据。这项单调而繁重的工作花费了员工不少宝贵的时间。最终,我们决定使用一家国际服务机构 Algo 公司提供的操作损失数据,它提供的数据高质可靠,并用于审计和验证,保证了损失数据报告的独立性。

1.8 声誉风险管理

随着联合信贷集团组织结构的复杂化和业务的不断增长,操作风险管理部门开始分析集团产品和业务的声誉影响。声誉风险与操作风险息息相关,声誉风险管理取决于内部流程控制、市场预测,以及客户和社群的期望。服务效率长期影响服务绩效和环境,我们发现操作风险管理的经验同样适用于声誉风险管理。

纵观国际事件对金融机构的影响,我们发现由声誉影响造成的操作风险经常大于由损失或低质服务所带来的操作风险。有些事件与市场和媒体有很大的关联,使得公司的管理、道德和服务质量接受始料不及的审视。近年来,公司合并与竞争给银行业带来了巨大的变化，吸引了来自市场和媒体的关注。有时，它们关注的焦点是定价与产品分销策略、风险偏好和回报。作为行业的一部分，银行为市场和顾客提供服务并接受监管机构的监督。如果声誉风险监管不到位，必然影响公司业务，损害公司声誉。因此，银行必须保持良好的声誉以不断扩大其客户群。

第 2 章 计算数据集

2.1 定义

在操作风险建模中，必须对计算数据集特别注意。计算数据集是指所有可用的操作风险管理信息数据的一个子集，操作风险管理信息主要用于风险资本的估计和度量。数据监控和质量评估的标准、在业务或流程发生变化时它们的调整状况，以及为计算风险进行的相关时间序列的定义，都是操作风险管理框架中的关键部分。本章我们重点讨论风险评估，描述数据的处理，并根据我们的直接经验推荐合适或首选的方法。根据《巴塞尔协议Ⅱ》的规定，计算数据集必须包括内部损失数据、外部损失数据、业务环境和内部控制因素，以及情景分析（见图 2.1）。我们将分别介绍这些内容，同时给出实际案例，并介绍我们所遇到的问题。

我们将计算数据集定义为用于度量风险资本的操作风险信息的子集，这就要求区分综合操作风险信息和计算数据集。操作风险不

```
┌──────────────┐  ┌──────────────┐
│  内部损失数据  │  │  外部损失数据  │
└──────────────┘  └──────────────┘
   ┌──────────────────────────┐
   │  业务环境和内部控制因素    │
   └──────────────────────────┘
        ┌──────────────┐
        │   情景分析    │
        └──────────────┘
```

图 2.1　《巴塞尔协议 II》高级度量法建模的 4 个要素

像与特定资产或组合相关的市场风险和信用风险，操作风险暴露是非常难以确定和区分的。根据《巴塞尔协议 II》的定义，操作风险存在于整个组织和流程（包括信用和市场风险）中。根据我们的经验，在描述计算数据集的特征时，我们主要关注操作损失。应当记住，操作风险未必总是用损失来表示（我们以往的经验显示，有操作风险的流程不一定造成损失）。风险指标会捕捉到某些可能的缺陷，例如每天最后未完成的交易数量或者一个软件无法使用的次数。

我们认为损失数据是风险资本计算的核心因素，主要是因为它们是必不可少的。《巴塞尔协议 II》规定：如果金融机构想要申请标准法（The Standardized Approach，缩写为 TSA）或高级度量法（Advanced Measurement Approach，缩写为 AMA）模型，则须收集并报告操作损失。操作损失在使用高级度量法的银行风险资本计算中也是必需的，它们必须结合内部和外部的损失数据、情景、业务环境以及内部控制因子。关于情景将在本章的外部损失数据一节中讨论。

2.2　经验法则

在建立操作风险数据的来源和控制流程时，我们建议遵循下列一般准则,因为我们认为这将使我们更好地控制质量、时机以及保证收集信息的完全性。

1. 各个机构应该制定一项政策,来确定何种情况下内部损失数据库中记录的损失或事件应该被包括在计算数据集中。

仅依靠或引用监管指引或《巴塞尔协议 II》是不够的,也无法确保操作风险管理者采取一致的数据分类和处理措施。一项详细的制度,用清晰的事例描述如何处理损失案例,对确保数据质量和形成可靠的计算数据集是必不可少的。该制度应该制定一致的损失数据分类标准。在联合信贷集团内,该制度已得到控股公司的管理委员会和各子公司的批准。

2. 机构必须为内部损失数据的收集规定恰当的最小损失阈值。

尽管我们出于风险管理和控制的原因,收集了所有的损失信息,但这与计算数据集的相关性不大。一个合理的较低阈值可以简化控制检查以及与外部损失数据的整合。阈值取决于公司的规模和业务的复杂性。我们将其设为 5 000 欧元,但是一般来说,10 000 欧元可能也合适,这在很大程度上取决于内部数据的时间序列是否够用。当对损失频率建模时,较高的阈值很有可能排除掉相当多的信息,但是这对于最终的风险资本的结果并不会产生重大影响,尤其是在出现极端罕见的严重损失的情况下来决定风险资本数据。

3. 机构应当采用相关的外部损失数据,尤其当有理由相信它们可能会遭受罕见的严重损失时,更应如此。

单个银行每年在每个事件类别当中通常并不会遭受重大的操作损失。对于极端的、有重大影响的案例和统计上损失不大的事件类别(如物理损失这样的事件类别),银行可能有必要将内部数据集和外部损失数据源综合起来。在考虑一个外部损失数据源时，我们会验证现有的质量控制流程和数据的有效性、时间序列的长度、按事件类别和国家划分的发生频率、报告的阈值，以及事件更新的机制。我们发现后者是最重要的经验法则：对于较为复杂和影响较大的操作损失，实际损失金额很难确定，而且会随时间产生较大变化。这就很有必要去验证这些数据是怎样更新的，并在公开数据源中，将其与其他来源比较，保证这些数据得到一致且准确的报告。外部损失数据源通常考虑了非金融业的操作损失。我们认为，在建立计算数据集时，正确的做法是仅考虑属于公司所在行业的数据，并且在计算数据集中只考虑金融部门的损失。我们并未忽略外部损失数据源和其他相关信息，而是利用它们来进行定性和定量分析（例如情景分析）。

4. 机构必须制定关于保险因素及相关数据的政策。

银行必须获得保险合同的说明和条款并归档，以确保在对风险资本建模时相关要素完整、正确（见第 4 章）。合同每年都会更新，免赔额、限额和其他条款等合同要素每年都可能不同，因此我们要核对条款，然后再确定相应的模型参数。接着我们对所有损失赔偿、距离索赔的时间、退款，以及相关成本的数据进行同样处理，所有这些数据都要在操作风险数据集中报告并更新，因为这些内容对最终计算结果有着重要影响。

5. 必须定期对操作风险管理者进行数据分类培训。

在联合信贷集团对每个子公司制定的内部规范中，必须包含详细的数据分类指南和董事会批准的政策。操作风险管理者对数据报告负责，并且必须运用通用的标准和规定。向操作风险管理者提供直接的数据报告一致性培训非常重要，因为网络解决方案或课程经常被证明是不充分的。我们认为每年必须至少进行一次数据分类培训。

2.3 内部损失数据

根据《巴塞尔协议Ⅱ》的规定，银行实施高级度量法必须考虑内部损失数据，运用损失分布方法或基于情景的方法，或两种方法混合。内部损失数据必须被包含在操作风险管理数据库中，并按照监管要求的业务线和损失事件类别进行分类，与《巴塞尔协议Ⅱ》中的规定一致。这可以说是该协议对金融机构提出的唯一详细的监管规定，与信用风险的详细规定相比，金融机构在这方面拥有很大的自由度。

2.3.1 业务线映射

《巴塞尔协议Ⅱ》规定了进行风险资本计算所需的数据，这既包括相关的风险指标（总收入），也包括操作风险损失数据。这些数据需要被重新分类或映射到8个业务线中，即企业金融、交易和销售、零售银行业务、商业银行业务、支付和结算、代理服务、资产管理，以及零售经纪业务（见表2.1）。协议详细列举了每个业务线包含的业务内容。企业金融包括地方政府和中央政府金融、商业银行业务、咨询服务及企业金融本身。销售业务、做市业务、自营业务及资金管理业务包含在交易和销售业务线当中。零售银行业务、私人银行业务、银行卡服务包含在零售银行业务线中。商业银行业务以及支付

表2.1　业务线

1. 企业金融
2. 交易和销售
3. 零售银行业务
4. 商业银行业务
5. 支付和结算
6. 代理服务
7. 资产管理
8. 零售经纪业务

和结算没有第二级条目。保管业务、企业代理和企业信托构成了代理服务条线的内容。自由支配和非自由支配的基金管理包含在资产管理业务线中。零售经纪业务也无任何子条目。金融机构可以独立决定只将数据映射到第一层级或第二层级，或自设条目。我们决定采用《巴塞尔协议Ⅱ》的两级分类法，因为实践中内部条目的进一步统一可能不够灵活，对于提升控制能力也不会起到很大作用。分类中的一个最大的挑战，也可能是对风险资本计算的挑战，表现为各个机构的内部管理信息（尤其是总收入）与规定的业务线之间的差异。这要求如果发生业务重组、出售或收购的情况，银行需要进行大量的重新分类和定期更新的工作。我们对涉及多个业务线的问题设置了详细的经验法则，包括相关指标分配和损失数据分类的法则。这对于确保时间序列的一致性以及进行长期数据调整是一个更加关键的问题。

我们明确了数据分类准则来确保风险分析和计算可以随时保持一致，并获得清晰的结果（见第2.9节）。

1. 数据库必须追踪一家公司的所有权变化和业务重组情况——

操作风险管理者应该对那些描述了所发生的变化和调整的标准化文件进行维护和归档。

2. 必须报告时间序列聚合日期，即两家或更多公司的数据合并为一个数据库的日期，同时可追踪到原始序列。

3. 在操作风险管理者无法重新得到或获取数据的情况下，必须使用预测财务报表，以实现可比较且有意义的总收益数据汇总。

4. 随着时间变化，将总收入分配到各个业务线中所采用的经验法则也必须加以记录，并可用于未来的分析。

我们还对在一个涉及多条业务线的统一职能中发生的损失事件建立了详细的损失数据分配规则。

2.3.2 事件类别分类

内部损失必须分别映射到《巴塞尔协议Ⅱ》规定的 7 种损失类型中，我们现在将分析这些类型，重点分析属性或分类可能出问题的情况。

我们将介绍边界信用损失（boundary credit losses）的概念，它是与信用风险（或市场风险）有关的操作风险。边界损失记录在信用风险数据库中，为了计算最低监管资本，将其作为信用风险处理，这样就无须计提额外的操作风险资本（OpVaR）。银行必须定义所有的重大操作风险损失，包括与信用风险相关的那些损失，并在内部操作风险数据库中分别报告。定义和处理在信贷流程中与操作相关的损失是确保分类一致性和风险资本计算结果一致性的关键。那些导致贷款违约的欺诈事件，以及如何在银行内部和外部的数据库中找出导致这些事件的原因，尤为值得注意（见表2.2，另见第2.4节）。

依照我们的经验，操作损失事件的主要来源之一是《巴塞尔协议Ⅱ》中的"客户、产品和业务活动"类别。这包括给客户提供有缺陷（但没有欺骗意图）的产品而造成的损失，忽略或错误地解释一项法律要求，或是没有完全遵守规定造成的损失。《巴塞尔协议Ⅱ》在这个类别中定义了以下子类别：

1. "适当性、信息披露及信托损失"，例如违背信托责任、强制销售、侵犯客户隐私，以及私密信息的不当使用。
2. "不当的商业或市场行为"，例如垄断、不良交易、市场操纵、内部交易、洗钱等导致的损失事件。
3. 在"已售出的产品中存在瑕疵和错误"。
4. "客户选择、业务推介和风险暴露"，适用于没有为客户提供合理指导，或逾越客户委托情形下发生的损失。
5. "咨询业务活动"，适用于因咨询服务产生争议的情况。

表2.2　事件类别

1. 客户、产品和业务活动
2. 实物资产的损失
3. 业务中断和信息技术系统故障
4. 执行、交割和流程管理
5. 内部欺诈
6. 外部欺诈
7. 雇佣活动和工作场所安全

另外，以下这些都应该归类为不当的商业和市场措施，而非欺诈：不遵守规定造成的损失事件；违背反垄断法；有损客户的排他性商业协议。

由自然灾害或其他事件造成的损失包含在"实物资产的损失"当中。这里包括分支机构和ATM机遭受巨大破坏，以及办公场所的设备和其他硬件遭到物理损坏的情况。在部分或全部的财产毁坏的情况下，操作风险管理将损失影响量化为重建价值或保险价值或最近可用的估值，而不考虑剩余待分摊的价值。银行的实际风险暴露是其办公场所商业地产或组合中其他资产的最大价值，我们需要证明是否有一个包含了极端不动产损失的外部损失数据库可用（见第2.5节）。作为业务连续性计划的一部分，我们的重点必须是确保在重大的混乱冲击下仍能提供关键服务，例如一次恐怖袭击。完整的估值和流程对冲将包含在计划之中，在估算极端事件对实物资产类别的潜在影响时，这也应该被包含在内。《巴塞尔协议Ⅱ》没有给出这个事件类别的子条目。我们将分支机构网络暴露与金融机构总部的暴露分开，因为前者面临的典型风险是高频率、低强度的损失事件。

操作风险的一个主要来源产生于业务中断和信息技术系统故障，这些损失与信息技术相联系，由软件或硬件问题造成或与之相关。在这种情况下，损失程度是很难量化的，因为它们与内部资源如服务台和维护团队紧密相连。其成本直接记在或归结于受影响的部门或单位，作为整套服务水平协议的一部分，而不是单独进行核算。但即使是在存在这种情况的公司里，也是通过估算或是服务指标等方式来解决的。最大的问题或关键性事件通常由内部员工来解决。

这些事件常常对企业有着严重的影响，如业务中断，为客户提供的服务中断，声誉损害：银行的形象和市场感知的度量是极其复杂的（见第5章）。如果对风险资本的计算来说价值不大的话，那么为了管理的目的，开发一个成本代理模型是很有价值的，它可以用来估算事件的损失：解决问题需要的资源量、服务中断的影响、业务影响，以及客户感知的变化。我们不把日常维护的成本作为一种操作损失，而是将误差、抵销记录以及系统或程序移植导致的损失归为信息技术系统损失。同样，我们将参数分配的错误或程序故障视为信息技术系统损失。数据处理错误，在我们看来也是信息技术系统损失。然而，通过钓鱼或黑客进行信息技术欺诈造成的损失，最好归类于外部欺诈。业务连续性计划成本也要从损失数据中去除，除非出现的事件导致发生计划成本——此时整个影响都需要报告。

处理交易和结算、资金转移或支票支付、整理和控制信用文件和契约、电话银行交易，以及所有的内勤工作引起的成千上万的误差，会造成未完成交易、抵销记录、手动录入错误、客户信息错误或延迟执行，导致罚款、违约金或索赔，这些事件都被归为"执行、交割和流程管理"类损失，这类损失由失败的交易处理，或者与交易对手及客户的互动导致。《巴塞尔协议Ⅱ》指出了这种操作事件的7个子类别。一是"交易认定、执行和维护"损失，它由向客户传递信息失败或将错误的信息传递给客户导致。这应该与涉及客户产品和业务实践的损失区分开来，虽然它们也会产生偶然误差。这种情况必须在公司内部分类标准中进行处理和归类，这样一来，数据的输入才能持续进行。二是"录入、维护或读取错误"这种典型而频繁的交易错误，包括错过截止时间，抵押品管理缺陷。三是"监测和报告"类损失，例如未履行强制性义务或外部报告不准确导致的损失。四是"招揽客户和文件记录"损失。如前所述，银行应当确保已获得客户的允许，且证实合约文件的完整性。这些损失必须归入正确的损失类型，提供范例列表，以避免对资本估算造成潜在影响。五是"客户账户管理"造成的损失类型，这与客户的隐私和记录管理相关，如错误保存的客户记录和账目，或因疏忽造成的客户资产损失。六是"交易对手"关系管理造成的损失，这会引起潜在的关于绩效质量和服务执行的争议。七是"外部销售商和供应商"之间的争议以及一般的外购争议：这些包括财务和非财务交易对手，而且对于依赖于专业流程公司的银行来说，必须包括内部和外部的服务提供者。

操作风险包括对欺诈的风险暴露。欺诈是形成损失的一个主要来源，常常对公司的声誉造成严重影响。根据《巴塞尔协议Ⅱ》的规定，内部欺诈类别包括偷窃或盗用财产造成的损失，以及因违反规定产生的损失。内部欺诈又进一步划分为多个子类别，包括"未授权行为"，例如故意不报告的交易，以及故意的、错误的头寸标注（这是一个潜在的市场风险边界案例），纯粹的"盗窃和欺诈"。为了与外部欺诈的情况区分开，内部欺诈定义为至少涉及一名员工的诈骗。我们会把由外部财务代理人制造的欺诈当作内部欺诈处理，尽管从技术上说，这属于外部欺诈。

有很多"外部欺诈"案例常常被看作操作风险的典型例子，我们发现诈骗案例常常是信用风险的边界事件。外部诈骗在《巴塞尔协议Ⅱ》中被定义为源自偷窃或非法取得财产或违背法律的第三方行为造成的损失，且不存在内部同盟的情况。在这里，"盗窃和欺诈"子类别适用于抢劫、伪造，或开具空头支票等情况，"系统安全"子类别适用于指黑客入侵或信息窃取造成的损失。黑客和其他信息技术驱使的犯罪行为，如网络钓鱼，应该被视为外部欺诈，而非信息技术相关的破坏。

因不正确或不公平的员工管理或合同不完备造成的问题属于"雇佣活动和工作场所安全"事件类别，这些损失是由于不遵守工作、健康或安全法规，员工受伤索赔或歧视造成的。尽管属于有较高的声誉风险暴露的操作风险，但出于保密的原因，它也可能是难以获取的信息。我们倾向于要求最简化的事件描述，这样一方面确保隐私，另一方面获得必要的风险控制和度量信息。在这里，"员工关系"子类别适用于员工的赔偿和福利问题、劳动合同终止，以及有组织的工会活动导致的损失。"工作环境安全性"子类别涵盖了公司的一般责任，如遵守健康和安全法规。"多元化和歧视"子类别适用于如聚众生事或身体虐待，或是基于政治、种族、性别、年龄、信仰或民族的任何形式的不平等处罚。我们将补偿利率、应结算的金额、税款扣缴代理人拖欠的税款的利息、法律费用以及事件直接导致的任何其他收费视为操作风险损失。预期退休金或解雇费用的支付则不视为操作风险损失。

2.3.3 数据质量分析

我们认为最重要的是内部数据集中包含尽可能多的公司操作风险暴露信息，因为这不仅仅用来计算风险资本。对每个操作事件，我们包含了一个简略的描述，包括原因、受影响的业务以及地理区域，因为不同的国家面临的风险不同。

发生日期（事件发生之时）和观察日期（事件被发现之时）之间的时滞为鉴定损失提供了有趣的信息。我们需要检查发生日期和输入日期之间的差异，即在损失数据用于资本计算之前流逝的时间。

2.3.4 特殊情况

有些情况我们要特别对待，比如快速收回损失、接近损失、获益事件、多时间点损失、多重影响损失。（定义见欧洲银行监管委员会所述，见图 2.2。）

| 快速收回损失 | 接近损失 | 获益事件 | 多时间点损失 | 多重影响损失 |

图 2.2　经济表现

快速收回损失是那些发生的损失在很短的时期就可完全收回的操作事件。欧洲银行监管委员会未具体说明很短时间的定义，我们将其规定为 5 个工作日。

接近损失是指没有导致实际损失的操作事件。我们未将其包含在计算数据集中，但是出于管理的意图将其用作风险指标。

获益事件会带来利润。至于接近损失事件，我们从计算数据集中排除获益，但将其包含在操作管理数据集中，有时候用它来测量数据或进行情景分析。

多时间点损失是指发生在不同时期的、与同一操作风险事件有关的一系列损失。比如，由于一个错误的参考数据或通过多笔小规模交易实施的欺骗计划引发的大量错误定价交易。我们将多时间点损失合并为单个损失事件，并将其列入计算数据集中。

多重影响损失是指一系列彼此相关的损失，这些损失由不同的实体或业务线、单位、职能部门承担，却由一个根本事件造成。我们将多重影响的损失合并为单个损失，并在计算数据集中加以报告。对于多时间点损失和多重影响损失来说，我们都是分别记录，然后再对其加以整合。

我们将操作事件的发生时间和登记时间进行对比。损失可能在某个特定的日期或时期发生，但是因为某些原因，可能会推迟登记，有时候甚至在几年后才登记。我们要求操作风险管理者确认事件在发生的当时就登记，并确立了最长的事件报告期限。

2.4 最小损失阈值

损失数据阈值是指列入计算数据集的损失金额的下限值。我们对于损失报告和风险资本的计算有不同的阈值要求。这样做出于很多原因：

- 不同的事件类别和业务，或者在我们开展业务的国家，可能需要对损失报告阈值进行调整。使用一个完全相同的标准对于某些业务和国家来说，可能会排除掉所有的损失暴露信息。对于那些损失频繁发生且严重程度各不相同的区域来说，这将是非常麻烦甚至苛刻的要求。
- 如不考虑风险计算阈值，控制所有损失水平对于服务质量和效率验证会有帮助。
- 为了支持情景分析或风险指标测试，需要评估某些特定流程或业务的阈值。

人们对风险报告可能会选择一个很低的阈值，甚至不设置阈值。为了保证质量和全面性，我们建议所有损失，甚至很小的损失，也要进行收集。不同的阈值可能导致不同的损失频率，影响风险资本的分布。在《巴塞尔协议Ⅱ》中，一个指导性的阈值水平为10 000美元。这个阈值也应该适用于一些外部损失数据集合。外部损失数据库通常具有高于10 000美元的阈值，这在整合风险资本计算数据的时候可能会产生问题。正确或恰当的阈值应该是实证检验的结果，以验证不同的阈值对于最终风险资本数值的影响。当损失数据极少，并会排除一部分可能会影响稳健估计的可用信息时，这可能会对一些事件类别产生相关影响。对于某些特定事件类别（如与信息技术或员工管理相关的损失），可用的数据是稀缺的，与其他事件类别使用同样的阈值可能会使原本就珍贵的数据都无法得以应用。

2.5　外部损失数据

《巴塞尔协议Ⅱ》要求将外部损失数据用于风险资本的计算，却没有指出具体的计算方法。加入数据协会的银行应该提供按照同质原则进行分类的数据，数据应包含全面和可靠的信息。在合并外部损失数据以进行风险度量时，应该考虑银行规模的差异或各机构特定因素的区别。

现在可用的三个主要外部损失数据源包括：公开或外部损失数据源、行业协会数据，以及内部产生的情景数据。我们决定将这三者结合起来。一般情况下，公开渠道拥有大量的数据，尤其是与内部情景相比较时。来自行业协会的数据对于某些国家或业务来说，其分布可能过于扭曲。

2.5.1 公开或外部损失数据源

2001年《巴塞尔协议Ⅱ》征求意见稿颁布时，这些是市场中最先出现的公开数据源。这里收集了历史上损失较大的数据，这些数据来自报纸或网络，常常还包括广为媒体关注的极端事件和争议事件。最初，数据提供者认为这些会有用，尤其是它们填补了风险资本计算一些时间序列数据的空白。有些数据是50年前的，涵盖的不仅仅是金融业，还有其他行业的事件。对于这些事件，我们建议应该特别关注某些选取标准，包括：

- 地理跨度。我们验证数据集当中包含的国家的数量，检查某些国家是否存在数据特别集中的现象。这种情况需要考虑，因为风险度量可能改变所产生的影响，需要判断或权衡。银行在某些国家和业务领域高度集中，可能导致风险估计出现偏差。当监管和市场准则以及产品或顾客的状况可能存在显著差异时，不一致的极端结果可能增加。
- 行业集中。银行用于风险资本计算的相关数据应该是银行或金融公司遭受的损失事件——检查并排除其他行业的事件。来自无关行业（如生产或媒体）的损失事件可以用作其他目的，但是在风险资本的计算时需要将其排除在外，因为金融行业有着不同的操作风险暴露。例如，假定不管企业类型如何，诈骗总是一样，这样会严重低估各控制系统之间的区别。
- 以事件划分的时间序列长度。直到现在，除少数银行外，大多数银行都未设置专门的操作风险部门（见第1章）。很多银行只能依赖于收集到的有限的操作损失数据，而且很多银行在几年前才开始收集数据。开始时，对于大多数事件类别的风险估算结合了有限的内部数据与外部数据。银行现在依赖数量庞大的数据，涵盖《巴塞尔协议Ⅱ》中的所有事件类别；有的找到了以前的事件，从而使数据序列更加丰富。我们按照事件的数量来检查外部损失数据源是否充分，并检查各种类别是否有足够或相关的高损失数据。尤其是当需要极端数据，或者外部损失数据提供者也存在数据缺失的时候。

- 数据分类和证明规则。银行内部分类规则可能与外部损失数据提供者的分类规则有着显著区别。这可能带来一致性问题，比如我们发现在边界信用事件以及验证事件如何更新中经常出现这种情况。外部损失数据提供者依赖于公开可用的新闻来进行事件更新，但媒体可能报告不同的信息，尤其当涉及损失程度时。同样，事实证明，要确保可靠的数据证明以便更新数据也很困难。对于严重的损失，则需要很长时间来确定和报告最终数据。我们特别注意数据提供者采用的质量控制流程和规则。典型的公开数据源具有较高的损失报告阈值，并在筛选过程中存在相关性。

2.5.2 行业协会数据

行业协会是指由相互交流操作损失的银行组成的协会，协会将交流汇总起来的损失数据再反馈给协会成员使用。这可能是现在使用最广泛的外部损失数据源。由于既有国际协会，也有国内协会，而提供一个集中的数据集对于没有（或较少）国际业务的银行来说，尤其确保了外部损失数据与银行的风险暴露状况更加一致。有人会担心国内协会数据集中可能缺少极端事件的信息，因为数据提供是一个自愿行为。我们认为使用协会数据时，也有可能出现极端损失数据缺失的情况。但有人会说要认定恰当的"极端"数据也会存在疑问，国际性大银行遭受的损失与区域性小零售银行的损失并不一定相关。在评估是否加入一个协会时，我们建议进行如下分析：

- 加入的银行数目，以及业务运营所在的国家。
- 报告阈值。协会可能比公开数据源拥有更大的数据量，可以用来进行风险资本的建模。协会的规则通常与银行内部的规则相差很大。由于成员银行之间存在隐私协定，与公开数据源相比，个体事件的披露可能受到更多限制，这也是对数据分类的准确性进行验证的一个很大制约因素。

2.5.3 情景数据

这些数据都产生于银行内部，以损失频率和损失程度来衡量潜在的事件影响。我们定期进行情景分析，这是联合信贷集团操作风险控制框架的关键要素。虽然存在着一些限制，但情景数据可以代替外部损失数据。这些限制如下：

- 产生情景意味着管理层和员工的积极介入，要求进行反复的访谈和对结果一致性的精确控制。
- 确保情景的估计在频率和程度上均正确。

我们将情景数据、公开数据和协会损失数据结合起来，这样操作风险管理者将会有更多的外部信息综合内部时间序列数据。这也有助于事件比较、基准确定以及数据换算。

2.6 商业环境和内部控制因素

《巴塞尔协议Ⅱ》要求银行监控可能影响操作风险状况的环境因素和内部控制因素。这样的因素可能被选作有意义、可转换度量值的风险驱动因子，使银行的操作风险度量更具有前瞻性。我们将环境因素和内部控制因素作为一套指标，与联合信贷集团的流程和业务相关联。这些指标与固定的数量指标不同，后者在各种业务和流程当中保持不变，而这对一个完全给定的数据集来说，可以做到使得基准建立和比较随公司和国家类型的不同而不同。我们选取有限的或关键的指标集合用于风险资本建模和操作风险监控。我们发现，指标太多对于管理者和流程负责人而言成本高昂且难以解释。对于风险资本度量，我们认为使用较少指标的集合，在处理较少数量的数据时会更加简单，而且可以简化对风险资本影响的解释。

2.7 情景分析

情景信息是对严重损失所造成影响的合理的、定性的评估。有时，我们会因为缺少数据而对具体事件类别、业务或流程采用情景信息来进行补充。我们要使对类似业务和事件类别进行的情景分析在不同公司、管理者和时间上保持一致。我们要确保对相似的风险暴露的测量结果也相近。有些银行在计算风险资本时会使用不同的情景信息，模拟稀有和极端情况对银行造成的影响，并在外部损失数据源中加入对尾部事件的内部估计。

2.8 保险信息

银行传统上通过签订特定的保险单，如银行综合保证保险（Banker's Blanket Bond，缩写为 BBB）或类似文件，对操作风险投保，以规避诈骗风险、主管责任，以及火灾或其他企业财产损失。《巴塞尔协议Ⅱ》承认它们的有效性，但它们必须遵从一系列要求（见第 4 章）。为计算风险资本，我们需要一套规范的保险信息：

- 保单承保的事件类别。操作风险管理者确认被保险的事件类别和不保的事件类别。
- 保单条款和条件及其是否符合资本计算的监管标准。承保操作风险的普通保单通常并不符合所有这些必要条件。
- 各事件类别的保险限额和免赔额，保险适用的上限和下限。基于历史数据和风险偏好，建立正确的限额和免赔额，优化保费与风险规避间的平衡，这是操作风险管理者的责任。根据我们的经验，操作风险管理者越多参与这个过程，使得标准损失减少和实施控制的能力越强，可免赔额就越高，从而减少保险成本，提高控制和流程效率，相同保费水平下允许的限额也更高。

- 对保险和其他来源收回的损失按事件类别进行统计。对于每种事件类别，我们报告是否被保险、免赔额、限额、预期收回额和之前退款数，以及任何额外的收回额。这些信息用来设置限额、免赔额以及续保的便利程度。

- 标准处理及保险公司要求的支付次数的统计分析。到期时，我们要评估采用自保方案或谈判获得不同的条款是否方便或更合适。

- 保险覆盖的损失和不保部分的详情，这是另一个关键因素。在其他专家的支持下，我们确保最终保险范围已得到正确且准确的理解，并在计算当中得到体现。

我们发现，由于保险通常由外部公司提供，因此最好在续保时对风险资本计算要求的最小数据量达成一致。

2.9 数据换算

我们经常需要整合来自刚收购的公司的损失数据、不同来源的外部损失数据、内部业务结构的变化数据、业务的出售或与其他业务的合并数据、流程和信息技术的变化数据，因为这些都会导致历史数据的结构性变化。因此，我们需要对内部和外部信息进行修正后再用于风险资本计算，受影响的数据时间序列和单个数据点要被调整或排除。

- 通货膨胀换算。由于时间序列有时候会跨越几十年，尤其是关于严重损失的，因此我们确立了适当的通货膨胀指数，以确保在修正来自多国的损失数据时可以应用。

- 外部损失数据换算。一字不差地采用外部损失数据可能会对风险资本结果造成错误影响，而通常可用于精确调整的信息十分有限，因此我们使用简单的指标，如员工、分行的数量，或总收入。我们常常采用总收入，而不是国家或者其他业务驱动的调整因子，因为这更容易解释。

- 内部数据换算。我们在处理公司合并或出售业务，以及业务和流程的变化信息时，有必要决定整个合并的数据集是否应当保持不变，还是应调整其中的一部分（例如公司不再存在的那部分，或者流程/系统已移植到新流程/新系统中的那部分），或者将其完全排除（新的目标信息技术系统可能呈现更低的损失频率和风险暴露）。对于调整过程，我们要求操作风险管理者记录所做的修正。对于风险资本度量，应在计算数据集中包含极端情况，无论是内部还是外部的事件。操作风险管理者应负责保存数据，保持精确估计的目标和反映风险暴露的相关性之间的平衡。

2.10 联合信贷集团操作风险数据库的演变

操作风险计算数据集是操作风险建模的关键元素，也就是从所有可用的操作风险管理信息数据中得出的子集，操作风险管理信息主要用于风险资本估计和度量。对于操作风险部门而言，依赖大量且可靠的数据集至关重要。联合信贷集团的扩张已使相关数据库和操作风险软件不断发展。

2001年,联合信贷集团的业务主要在意大利,注意力都集中在损失数据的收集上。随着新的数据发布,以及集团向越来越多的欧洲国家扩展,数据库也在不断更新。我们于2005年开发了新的操作风险软件和数据库,以此替代之前所有的软件和数据库。今天,联合信贷集团依靠的内部解决方案ARGO正在集团所控制的各个公司中发挥作用。ARGO也符合高级度量法的监管标准,它已经成为操作风险管理和风险资本计算的工具。

2.11 最终考虑

操作风险不像其他依赖于大量时间序列和具有成熟建模方法的风险类型,它仍然只能依赖于相对有限的信息。银行协会的力量在增强,但是各种指数仍然缺失。市场上的数据提供者在快速发展,然而仍旧不能满足所有的操作风险管理者的数据需求。操作风险建模已经取得了很多研究进展和重大飞跃,开发出了更多、更新的技术和方法,但度量方法仍不稳定。对于要开发度量模型的银行来说,还有大量自由发展的空间,从而设定操作风险资本输入数据的要求。这为银行留下了较大的自由度。每个风险管理者应对自己的评估负有重要责任,判断公司的风险状况应如何控制,而确保不同机构和国家之间公平竞争的艰巨任务则交给监管机构。

第3章 损失分布方法

在学术界和金融行业中，操作风险度量还是一个相对较新的研究分支，而且正在经历着快速的变化。《巴塞尔协议Ⅱ》列出了两种主要的度量方法，即情景法（scenario-based approach，缩写为 SBA）和损失分布法（loss distribution approach，缩写为 LDA）。我们也可以将这两种方法结合起来计算监管资本，并将其归为第三种方法——混合方法（见第 2 章）。我们认为这三种方法或建模技术并没有涵盖操作风险度量的所有可能性，而且由于金融行业还在提出并检验新的方法，因此在评估现有方法的同时，一些可供选择的其他方法也已经在应用中。本章不讨论《巴塞尔协议Ⅱ》中的可选方法，也不讨论协议中提到的全部三种度量方法，而是重点对 LDA 建模予以广泛的讨论。在我们的经验中，该方法有比较有趣的性质，这使得它成为监管资本度量的一个非常合理的选择。虽然直到最近才出现关于操作风险建模的研究文献，但损失建模一直是保险的一个核心研究领域，而且多年来，精算师们已经提出并运用多种 LDA 方法来计算风险资本，这为银行的操作风险管理者提供了大量的建模文章和案例研究。在第2章中，我们描述了开发一个操作风险数据库的方法。本章涵盖了管理这些数据点的方法，包括用于选择操作风险类型的量化方法、确定可以很好拟合这些类别分布的方法、计算操作风险资本的卷积方法。我们将研究操作风险损失的建模方法，采用整合的保险精算方法，并用极值事件建模方法和其他现有的专门用于操作风险的方法来讨论风险的加总和相关性。

我们决定选择一种LDA方法，使之与SBA方法进行比较，以权衡其优劣势。虽然我们认为这种LDA方法可以为操作风险暴露提供一个稳健而有效的估计，但该方法中也存在一些SBA方法可轻易解决的困难和限制。这些虽然提供了更多的灵活性，但在证明和确保结果的准确性方面也为LDA方法提出了其他的问题。下面列出了LDA和SBA这两种方法间的一些主要区别：

1. 损失数据的完整性和确定性是LDA方法的优势所在，因为输入的一般是会计数据，而且审计和监管人员可以很容易地在一段时间内核实这些数据。这同时赋予了该方法一个优势，即客观性，这一特性意味着信息既不是由操作风险管理人员产生的，也不是估计的，它是利润表的直接结果。SBA方法则依赖于判断或估计的效果，而这些可能要求付出额外的努力去证实，从而增加了确认的挑战性。

2. 在计算数据集中整合外部损失数据是一件容易的事情，而对LDA方法而言，把这些结合在风险资本计算中同样也是一件容易的事情。

3. 损失数据结构在一段时间内的变化由利润表决定，这赋予了操作风险管理者明确、独立的控制权，同时可直接说明数据库变化在风险资本结果中的影响，并且在需要的时候使操作风险管理者可以对对冲或干预予以确认。

4. 数据的时间序列调整和分析是可追踪的，而且与流程和业务相联系。

5. （至少在一个合理的程度上）可以容易地自动执行数据输送。

LDA 方法被证明是一个可行的方案，就审计审查以及内外部的基准测试而言，这种方法更受欢迎。我们发现，对于那些内部和外部损失数据不可获得或数据有限的单个公司、产品或流程，如果我们想得到它们的风险量度，采用 LDA 方法就很受限制。同样，只要在统计意义上有充分的时间序列，那么在单一基础上运用 LDA 方法计算的风险资本也是稳健的（所以当现有数据很少时，常常考虑到的是有限的可能性，并且有时结果在统计上说服力不够）。一般而言，相对于 LDA 方法，SBA 方法对个体公司或业务能生成更为一致的结果。

我们将针对风险资本度量介绍一个稳健的操作风险损失建模过程，包括计算数据集的建立、风险类型的同质性、程度分布和频率分布、加总、相关性、业务环境和风险控制因子、调整、保险对冲，以及它们在风险价值度量中的综合运用。

3.1 计算数据集的建立

计算数据集是操作风险数据的一部分，而操作风险数据主要用于风险资本要求的计算。我们已经在第 2 章中描述过计算数据集。监管规定做了一些设置（如至少 5 年，没有与信用风险交叉的情形），其他设置则专门针对特定的公司。因此，这里提出的实施建议部分源于我们的经验。

为与监管要求一致（见参考文献 1 和 2），应从下面 4 个方面对计算数据集予以清晰表述：

1. 内部计算数据集。
2. 外部计算数据集。
3. 情景生成的计算数据集。
4. 风险指标计算数据集。

3.1.1　内部计算数据集

内部计算数据集至少包括下述信息：

- 事件描述。
- 法人实体（或其他结构，如控股公司和部门）的信息。
- 损失总额。
- 发生日期。
- 观察日期。
- 核算日期。
- 按《巴塞尔协议Ⅱ》划分的业务线（第一层次）。
- 按《巴塞尔协议Ⅱ》划分的事件类别。
- 与其他风险交叉的情形（即与市场风险、信用风险交叉，或无交叉）。

- 保险范围（是或否）。
- 保险追偿。

内部计算数据集包括基本的操作风险数据，如损失、损失准备、资金发放、抵销记录、收益、估计的损失、保险追偿、其他追偿。在计算数据集中，每个数据点表示一个操作事件。

我们将观察期定义为计算数据集中操作事件的时间区间。每个操作事件的发生日期和核算日期必须在观察周期内。观察周期的长度必须至少为5年（开始阶段为3年），对发生频率低的风险类型，银行可设置更长的观察期。

关于操作事件有不同类型的日期（即发生日期、观察日期、核算日期、在操作风险数据库中出现的日期），但哪个日期应该用作正确的观察期，在行业内并未达成共识。发生日期可以更好地反映银行的风险状况，但一些相关的损失数据则不可能被包括进来，如果一个内部欺诈事件需要一个较长的诉讼时间，那么在事件发生日期和损失确认日期之间就会相隔许多年。如果这个周期长于5年，那么这个事件将不再被包括在计算中。观察日期和核算日期更为方便，观察日期有较高的置信度，但很难确定，而核算日期总是可以得到。使用核算日期是比较保守的一种选择：你可以将很久前发生的事件包括进来，但这会造成对风险状况的错误反映。在这种情况下，对发生日期设置更长的时限（如10～15年）可能是有用的。

银行可能有来自几个国家的损失数据，但必须通过运用损失核算日期当天的汇率将损失金额转换为由同一种货币（如欧元）表示的数量。

在风险资本计算中，在以下情况下，操作损失应该予以加总合计：

1. 只考虑内部确认过的事件的损失。因此银行应该对收集的数据建立适当的核对和验证流程。
2. 在观察期内，有核算日期的所有损失都应予以考虑。
3. 每项损失都要根据一组通胀指标予以通胀调整，而且这一调整要以核算日期为基础。
4. 每个操作事件的损失总额计算为损失、损失准备、资金运用、时间影响和其他收回资金的和。其中，损失、损失准备和时间影响为正值，而资金运用和其他赔偿资金为负值。这样，多项损失被加总为一个单一的损失总额。其他赔偿资金的定义为所有不属于保险追偿金的赔偿金额。时间影响定义为在一个特定的报告期内，经完全修正的利润表的临时失真。当其影响到两个不同日历年的报表时，时间影响表示为金额乘以一个支付比率。

   如果一个操作事件影响了多个公司，那么操作风险职能部门必须提出它自己的数据，即由几个公司记录的操作事件必须加总为有一个总损失的单一的操作事件，损失总额为每项损失的和（产生多种影响的损失情形）。同样，存在比较强的交叉相关性的操作事件必须加总为一个单一的数据点。属于不同风险类型（见第3.3节）的单一操作事件不应予以加总。
5. 在每个损失过程之后，将调整后损失总额高于或等于最小阈值的操作事件作为备选事件。

6. 保险追偿金要予以加总，并且要单独考虑。
7. 要排除边界信用事件。

3.1.2 外部计算数据集

外部数据事件是其他金融机构和银行的操作损失。当仅用内部数据不够充分时，外部数据用于对低频率/高损失事件的建模补充。我们可从下述来源收集外部数据：

- 行业协会数据。
- 公开数据。

协会数据来源有意大利操作风险数据协会的数据库和操作风险数据互换协会的数据库，而公开数据的来源之一为 Algo OpData 数据库。

我们只使用公开损失数据来补充低频率/高损失事件数据。

外部事件适用的汇率也应基于核算日期。如果无法获得这一数据，可以使用发现日期或发生日期的汇率。

如果外部损失数据符合下述情况，可以认为它们与计算数据集相关：

1. 只包括已结束事件的损失数据，不包括估计的损失。
2. 仅考虑金融公司产生的损失，非金融公司的损失仅在情景分析或压力测试时予以考虑。

3. 保险公司产生的财务损失不予考虑。
4. 导致破产的损失不予考虑。
5. 边界信用事件不予考虑。
6. 观察期为从发生日期起 10 年，如果无法获得发生日期，那么就从发现日期开始（如公开数据中的清算日期）。

3.1.3 情景生成的计算数据集

情景数据是一些假想事件，用于补充高损失/低频率风险类别的内部和外部损失数据。通过考虑历史事件或指定一个新的情景，操作风险职能部门可以确定相关的情景。这需要查看涉及的流程、现有的控制以及记录程序，来验证该类事件发生情景的影响。通过与流程经理面谈，操作风险职能部门将检验选定情景的影响。每个情景的数据应包括在为期 5 年的观察期内。只有确认过的情景才会考虑用于量化。

3.1.4 风险指标计算数据集

指标是反映操作风险暴露的数据：一个指标值应该与风险水平的变化相关。在内部数据、外部数据和情景数据的基础上，运用操作风险指标来调整风险资本可以增加估计的前瞻性。操作风险指标应基于与风险预警的相关性进行选择。

根据我们的方法，调整风险资本的风险指标应满足下述要求：

- 每月或每季可获得更新数据。
- 可以获得长于一年的数据（对月度数据而言，至少可获得之前 13 个月的数据；对季度数据而言，则至少可获得之前 5 个季度的数据）。

3.2 LDA 基本框架

本节介绍用于操作风险损失数据建模的 LDA 的相关概念（见图 3.1）。假设损失额 $x_1,\cdots,x_n$ 为独立同分布随机变量 $X_1,\cdots,X_n$ 的实现值。随机变量 X 表示损失程度，这些损失可以看作它的独立实现值，而且为正实数，所以随机变量 X 是连续的正随机变量。f_X 为 X 的概率密度函数，概率分布函数 F_X 表明了损失程度的分布，f_X 和 F_X 是仅对正值定义的连续函数。

假设在时间 t 和 $t+\Delta t$ 间发生损失事件的数量 n 为随机变量 N 的实现值。对操作风险而言，一般认为 Δt 为一年。正离散随机变量 N

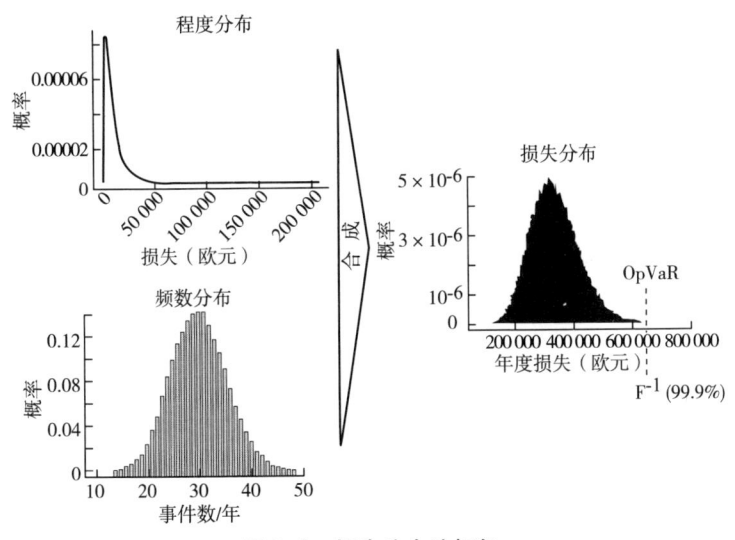

图 3.1　损失分布法框架

描述了损失的频率，N 的概率质量函数用 p 表示，概率分布函数 P 定义为：

$$P(n) = \sum_{k=0}^{n} p(k) \tag{3.1}$$

函数 P 确定了损失频率分布。

损失程度随机变量 X 和频率随机变量 N 是相互独立的。

在时间 t 和 $t + \Delta t$ 间的累计损失额可用以下随机变量表示：

$$S = \sum_{i=1}^{N} X_i \tag{3.2}$$

因此，概率分布函数 F_S 为一个复合分布函数，表示为：

$$F_S(x) = \begin{cases} \mathbb{P}(S \leq x) = \sum_{n=0}^{\infty} p(n) \cdot \mathbb{P}(S \leq x | N = n) = \sum_{n=0}^{\infty} p(n) \cdot F_X^{*n}(x), x > 0 \\ p(0), x = 0 \end{cases}$$

其中，$*$ 表示卷积算子，F_X^{*n} 表示分布函数 F_X 的 n 重卷积：

$$F_X^{*n} = \int_0^x F_X^{*(n-1)}(x-y) f_X(y) dy \tag{3.3}$$

2 重卷积就是两个独立同分布随机变量的概率分布函数：

$$F_X^{*2} = \mathbb{P}(X_1 + X_2 \leq x) = \int_0^x F_{X_1}(x-y) f_{X_2}(y) dy \tag{3.4}$$

起点为：

$$F_X^{*1}(x) = \int_0^x F_X^{*(0)}(x-y)f_X(y)dy = F_X(x) = \int_0^x f_X(y)dy \quad (3.5)$$

因此有：

$$F_X^{*0}(0) = 1 \quad (3.6)$$

一旦确定了损失分布，就可运用一个风险量度来计算风险资本（风险资本金）。在金融应用中，最常用的风险量度为风险价值（VaR）。① 置信水平为 α 的 VaR 定义为损失分布的 α 分位数（$0 < \alpha < 1$）：

$$\text{VaR}(\alpha) = F_S^{-1}(\alpha) \quad (3.7)$$

根据《巴塞尔协议Ⅱ》，对操作风险而言，风险资本的计算必须以一年为持有期，且置信水平为 99.9%。因此，风险资本可确定为基于年损失分布计算的置信水平为 α = 99.9% 的 VaR。

3.3 操作风险类型

根据所覆盖的风险和可获得的数据，我们将一个操作风险类型定义为一个同质的风险类型。参考文献 4 提供了几种风险类型的例子：

- 事件类别。

---

① 其他风险量度还有预期损失和损失中位数（见参考文献3）。

- 业务线。
- 事件类别/业务线的组合。
- 法人实体类型。
- 因果类型。

正如第3.2节所述，LDA应该满足独立同分布的假设。在《巴塞尔协议Ⅱ》（见参考文献2）和欧洲银行监管委员会的CP10（见参考文献4）中，金融机构应该检验这个假设，即检验属于同一个风险类型的数据是独立同分布的，这是稳健建模的先决条件。

现在我们来看几种验证一个风险类型是独立同分布的方法。首先分析一个风险类型是同分布的。我们仅将业务线和事件类别作为合理的备选分类。在每个风险类型中，根据各风险类型中的数据同质性，我们应用一个简单的方法来检验这两种类型的优点。

3.3.1 同分布的风险类型

一个操作风险类型应该是一个数据具有同质性的风险类型。数据的同质性和数据可获得性两者之间的权衡分析如下：

- 增加分类的数量可以改善同质性，但与此同时，用于为每个类型建模可获得的数据数量则变得更少。
- 减少分类的数量可以改善数据的可获得性，但每类数据的同质性却减弱了。

我们将一个单一业务线（BL）和一个事件类别（ET）的组合

第 3 章　损失分布方法

（BL×ET）定义为一个最小的风险类型，以此来确保该风险类型数据具有高度的同质性。对某些类型而言，操作风险管理者可能面临的问题与可获得的数据较少有关（这些一般在公司内部和外部数据源中是相同的，见第 2 章）。或者，将几个业务线或事件类别合并为一个风险类型，你可能会获得大量的或充分的数据，但该风险类型却具有较低程度的数据同质性。操作风险管理者可以在综合考虑数据可获得性、管理要求和业务结构的基础上，对数据的可获得性和同质性进行权衡。

为了使风险类型满足同分布的要求，我们设置事件类别和业务线相结合的单元为最小的风险类型，然后检验业务线的同质程度和事件类别的同质程度。如果将这两种分类中的一种作为风险分类设置，此时数据可获得性就不再是主要问题，唯一的问题是检验数据的同质性。在检验以业务线为分类标准的风险类型时，为了确认数据的同质性，需要对影响每个单一业务线的最小风险类型数量的加总水平予以确认。类似地，如果事件类别被设置为风险分类的标准，那么也要实施类似的分析。我们应用凝聚聚类分析（agglomerative cluster analysis）对此进行检验（见参考文献 5）。

这是一个统计方法，用于将多个变量实体分配给少数几个分类，而且这些分类并不是先验确定的。最常见的聚类分析方法有：

- 层次分析，该方法中每个类型属于一个不同的、更大的类型。
- 非层次分析，该方法将生成一个非层次组，因而组的数量必须预先确定。

一个聚类层次分析可应用几种方法予以实现，其中最常用的一种方法是凝聚法，在该方法中，首先将每个元素设置为一个单一的风险类型，然后经过随后的 $n-1$ 次加总后，就可获得一个唯一的类，其中需要运用到一个量度，以度量不同元素间的差异（即不同点）。

用于计算通用元素 i 和 j 间差异的量度为：

$$d(i,j) = 1 - pv(i,j) \qquad (3.8)$$

其中，$pv(i,j)$ 表示应用于样本 i 和 j 的 Kolmogorov-Smirnov 检验的 p 值。在两个样本的条件下，这个检验分析两个样本是否属于同一个概率分布函数，所检验的假设为：

- H_0：对任意 x，有 $F_1(x) = F_2(x)$。
- H_1：至少对 x 的某个值，有 $F_1(x) \neq F_2(x)$。

Kolmogorov-Smirnov 两样本检验中使用的统计量为：$T = \sup_x |F_1(x) - F_2(x)|$，即两个分布间的最大垂直距离。

运用凝聚法，在 $n-1$ 次迭代中，对每一次迭代都要确定剩余聚类间的距离，距离最小的类相结合形成一个更大的类。运用组平均方法计算不同类间的距离，该方法中两类间的距离为两类中元素间差异的平均值。比如，一个类由单元 BL1/ET2 和 BL4/ET2 组成，而另一个类由单元 BL3/ET2 和 BL2/ET2 组成，那么这两个类间的距离为：

$$d((BL1/ET2,BL4/ET2);(BL3/ET2,BL2/ET2))$$

$$=\frac{1}{4}(d(BL1/ET2,BL3/ET2)+d(BL1/ET2,BL2/ET2)$$

$$+d(BL4/ET2,BL3/ET2)+d(BL4/ET2,BL2/ET2)$$

分析结果可以用树状图表示(见图 3.2)。

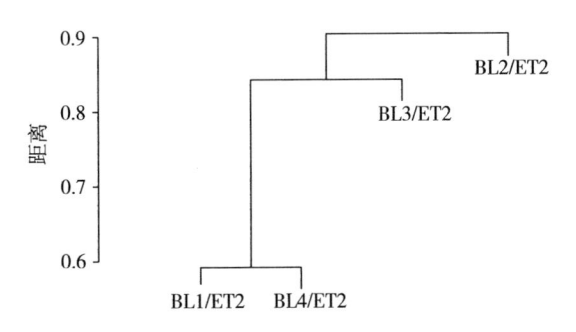

图 3.2 在"外部欺诈"类中的 BL/ET 单元凝聚

为了在业务线和事件类别中进行选择,我们必须对所有的业务线和事件类别检验 BL×ET 的加总水平:

1. 将业务线作为风险分类的标准。目的是确定构成每个业务线的所有"业务线/事件类别"单元的加总水平。
2. 将事件类别作为风险分类的标准。目的是确定每个事件类别的所有"业务线/事件类别"单元的加总水平。

现在对事件类别 $(d_1^{et},\cdots,d_7^{et})$ 和业务线 $(d_1^{bl},\cdots,d_8^{bl})$,我们已获得所有加总的距离水平。一旦获得这些值后,就可确定获得最好的风险分类的标准。我们对由事件类别加总所获得的距离中的最大值和由业务线加总所获得的距离中的最大值进行比较。

最后，如果有：

$$\max(d_1^{et},\cdots,d_7^{et}) < \max(d_1^{bl},\cdots,d_8^{bl}) \tag{3.9}$$

那么就选择以事件类别为分类标准的分类方法，否则就选择以业务线为分类标准的分类方法。

3.3.2 通胀调整

为了确保数据的同质性，我们考虑了通货膨胀的影响。而且在考虑通货膨胀影响时，可包括所有可获得的数据，并对这些数据进行比较。而对建立一个合理的计算数据集而言，通货膨胀的影响是必须予以考虑的。通货膨胀调整就是通过应用一个年度的居民消费价格指数（CPI）对计算数据集中的每个损失额进行调整。建议以核算日期作为调整的参考日期。如果无法获得核算日期，可用事件的发生日期或观察日期替代。通货膨胀调整可表示为：

$$A_{调整} = A \cdot \frac{\text{CPI}(Y_{RD})}{\text{CPI}(Y_{AD})} \tag{3.10}$$

其中：

- A 为初始损失额。
- $A_{调整}$ 为通货膨胀调整后的损失额。
- Y_{RD} 为参照日期所在年份（即观察期的上一年）。
- Y_{AD} 为核算日期所在年份（即计算年份）。
- $\text{CPI}(Y_{RD})$ 为 Y_{RD} 年的 CPI 值。

- CPI(Y_{AD})为Y_{AD}年的 CPI 值。

在调整中,我们考虑了一个年度 CPI 值。或者,也可运用一个月度 CPI 值对损失数据进行更细化的调整。

3.3.3 数据独立性

在证实了各个风险类型数据的同质性之后,操作风险管理者就可开始检验数据的独立性,即评估一个风险类型中数据的相关程度。在操作风险中,这也被称为隐相关(impicit correlation),它不同于不同风险类型间的相关性,不同风险类型间的相关性也被称为显相关(explicit correlation)。有趣的是,我们注意到,在直觉上一个风险类型内的相关性要高于不同风险类型间的相关性,因为在同一风险类型中的损失数据显然要更相似,并且由相同的事件类别所生成。但研究文献和银行业监管机构则对不同风险类型间的相关性赋予了更高的权重。

一个用来检验数据独立性的常用方法是自相关图。自相关(或序列相关)衡量每个观察值和其前面观察值的相关程度。设$x_1,\cdots,x_n$为一个损失样本,被视为随机变量$X_1,\cdots,X_n$的实现值,并按日期以升序排列,其均值为μ,方差为σ^2,则$x_i(i=1,\cdots,n)$滞后k阶的自协方差函数定义为:

$$\gamma(k) = \mathbb{E}((X_i - \mu)(x_{i+k} - \mu)) \tag{3.11}$$

滞后k阶的自相关函数定义为自协方差函数的标准化:

$$\rho(k) = \frac{\gamma(k)}{\gamma(0)} = \frac{\gamma(k)}{\sigma^2} \qquad (3.12)$$

滞后 k 阶的自协方差函数的估计为：

$$\hat{\gamma}(k) = \frac{1}{n}\sum_{i=1}^{n-k}((x_i - \bar{x})(x_{i+k} - \bar{x})) \qquad (3.13)$$

其中：

$$\bar{x} = \frac{1}{n}\sum_{i=1}^{n} x_i \qquad (3.14)$$

为样本均值。

滞后 k 阶的自相关函数的估计为：

$$\hat{\rho}(k) = \frac{\hat{\gamma}(k)}{\hat{\gamma}(0)} \qquad (3.15)$$

通常，自相关分析通过图形来实现。自相关图函数通过对时滞 $k=1,\cdots,M$ 标示出自相关估计来建立，可表示为：

$$\{(k,\hat{\rho}(k)):k = 1,\cdots,M\} \qquad (3.16)$$

显然，我们知道 $\hat{\rho}(0) = 1$，这是一个损失样本与其自身的相关性。如果损失 $x_1,\cdots,x_n$ 是独立的，那么对 $k=1,\cdots,M$，有 $\hat{\rho}(k) = 0$，如果这些损失是相关的，那么对 $k=1,\cdots,M$，$\hat{\rho}(k)$ 明显不为 0。

图 3.3 显示了一个自相关图分析的例子。图中 0 附近的水平带表示在假设 $H_0:\rho=0$ 条件下 95% 置信区间的上下限。如果没有自相关估值落在图 3.3 中由虚线确定的置信区间之外，则可假设数据中

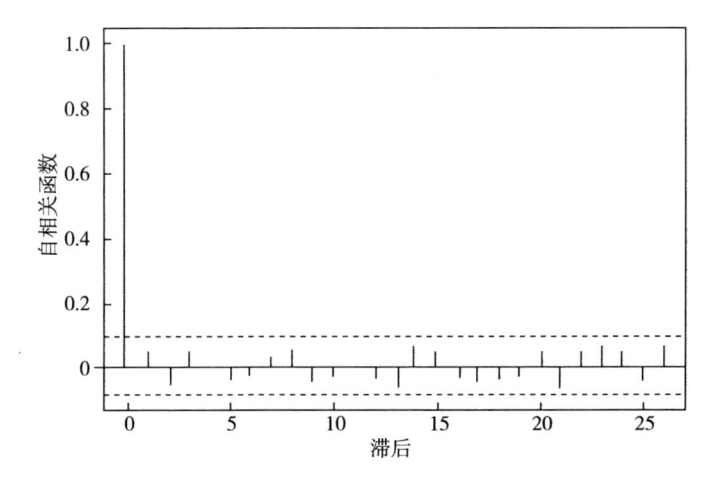

图 3.3　自相关分析的示例

不存在序列相关。

在检验时，我们对每个风险类型中按日期排序的损失数据生成了这样的图示。如果对一些特定的时滞 k，损失数据显示出较高水平的自相关性，那么对于这些情形必须进行定性分析。如果在一些操作事件中存在互相依赖性，则对这些事件进行加总，得到一个单一的损失总额，从而符合监管规定。

在完成上述工作之后，我们已经证实了独立同分布的条件，现在即可进行实际损失分布的建模工作。

3.4　参数估计和拟合优度方法

在识别了正确的风险类型后，我们将确定哪个统计分布可以最好地描述已识别的每个风险类型的程度和频率。下面我们描述的是用于损失数据建模的参数估计方法和用于选择适当分布的拟合优度方法。

3.4.1 程度分布

损失 $x_1,\cdots,x_n$ 被视为独立同分布随机变量 $X_1,\cdots,X_n$ 的实现值。

程度由连续随机变量 X 来表示,并可用概率密度函数 $f_X(x,\theta)$ 来描述,其中,θ 为参数或参数向量。

参数采用极大似然估计法估算,似然函数定义为:

$$L(x_1,\cdots,x_n,\theta) = \prod_{i=1}^{n} f(x_i,\theta) \qquad (3.17)$$

式(3.17)表示在已知参数 θ 取值时,随机变量 $X_1,\cdots,X_n$ 的实现值为 $x_1,\cdots,x_n$ 的发生概率。极大似然估计量 $\hat{\theta}$ 使得似然函数取得最大值,因此有:

$$\frac{\partial L(x_1,\cdots,x_n,\theta)}{\partial \theta} = 0 \qquad (3.18)$$

一旦设定了 $x_1,\cdots,x_n$ 的值,极大似然估计量 $\hat{\theta}$ 就会使这个实现值的发生概率最大。当然也可以考虑对数似然函数:

$$\ln L(x_1,\cdots,x_n,\theta) = \ln \prod_{i=1}^{n} f(x_i,\theta) = \sum_{i=1}^{n} \ln f(x_i,\theta) \qquad (3.19)$$

相应地有:

$$\frac{\partial \ln L(x_1,\cdots,x_n,\theta)}{\partial \theta} = \frac{\partial}{\partial \theta} \ln \prod_{i=1}^{n} f(x_i,\theta) = \frac{\partial}{\partial \theta} \sum_{i=1}^{n} \ln f(x_i,\theta) = 0$$

$$(3.20)$$

因为在银行中，常常仅记录超过某一最小阈值 H 的操作损失，为避免有偏估计的风险或最小化有偏估计的风险，必须考虑条件密度函数 $f_X^*(x,\theta)$，$f_X^*(x,\theta)$ 表示为：

$$f^*(x,\theta) = f(x,\theta|x \geq H) = \frac{f(x,\theta)}{1-\mathbb{P}(x \leq H)}$$
$$= \frac{f(x,\theta)}{1-F(H,\theta)}, \quad x \geq H \quad (3.21)$$

其中：

- θ 为参数或参数向量。
- H 为阈值。
- $f(x,\theta)$ 为概率密度函数。
- $F(x,\theta) = P(X \leq x)$ 为概率分布函数。

此时，对数似然函数为：

$$l(\theta) = \sum_{i=1}^{n} \ln(f^*(x_i,\theta))$$

通过最大化 l，可以得到参数估计为：

$$\hat{\theta} = \arg\max_\theta l(\theta) \quad (3.22)$$

通常，极大似然估计没有封闭式，尤其是在运用截断数据时。所以常运用数值方法来获得参数估计。

我们的建模方法考虑了一组分布，均列于表 3.1 中（参考文献 6 提供了对这些分布的详细描述，包括属性和最好的应用）。尽管根据多年实践，我们注意到，几乎在所有的情况下，对数正态分布都呈现出最令人满意的结果（见图 3.4），但我们坚持认为有必要每次都检验多种分布。在确认可获得的分布过程中，我们同时采用了图形法和分析法，其中图形法更值得关注，因为它可以提供对行为更好的理解。

鉴于这些内容，我们认为，在完成一个最优拟合的分析中，一个纯粹的自动求解是不可能实施的。

从表 3.1 列出的分布中可以看出，帕累托分布的尾部最厚，韦布尔分布的尾部最薄，对数正态分布、指数分布和伽马分布则展示了一个中等程度的尾部形状。

表 3.1 概率分布表

分布名称	密度函数
对数正态分布 (μ,σ)	$f(x;\mu,\sigma) = \dfrac{1}{x\sigma\sqrt{2\pi}}\exp\left(-\dfrac{(\ln(x)-\mu)^2}{2\sigma^2}\right)$
指数分布 (θ)	$f(x;\theta) = \theta\exp(-\theta x)$
帕累托分布 (α,θ)	$f(x;\alpha,\theta) = \dfrac{\alpha\theta^\alpha}{(x+\theta)^{\alpha+1}}$
韦布尔分布 (θ,τ)	$f(x;\theta,\tau) = \dfrac{\tau(x/\theta)^\tau \exp(-(x/\theta)^\tau)}{x}$
伽马分布 (α,θ)	$f(x;\alpha,\theta) = \dfrac{(x/\theta)^\alpha \exp(-x/\theta)}{x\Gamma(\alpha)}$
对数 Logistic 分布 (γ,θ)	$f(x;\gamma,\theta) = \dfrac{\gamma(x/\theta)^\gamma}{x(1+(x/\theta)^\gamma)}$

3.4.2 图形法

最常见的一种图形法是分位点—分位点图，即 q-q 图。从图中可

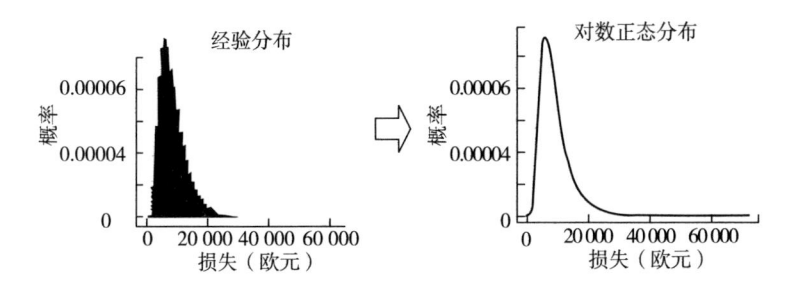

图 3.4 参数估计的示例

以直接观察分布尾部的拟合优度,并可以对经验分位点和估计分位点进行比较。已知排序后的损失样本为 $x_{(1)} \leqslant x_{(2)} \leqslant \cdots \leqslant x_{(n)}$,通过标示下述点就可得到一个 q-q 图:

$$\left\{(x_{(i)}, F^{-1}(\frac{i}{n+1})): i = 1, \cdots, n\right\}$$

如果这些点在等分线附近,那么可以认为这个拟合是令人满意的。如果收集的损失数据仅是大于最小阈值 H 的部分,那么这些点为:

$$\left\{(x_{(i)}, F^{*-1}(\frac{i}{n+1})): i = 1, \cdots, n\right\} \quad (3.23)$$

其中:

$$F^*(x) = \begin{cases} \dfrac{F(x) - F(H)}{1 - F(H)}, & x \geqslant H \\ 0, & x < H \end{cases}$$

是截断的概率分布函数,而:

$$F^{*-1}(p) = F^{-1}(p(1 - F(H)) + F(H)), 0 \leqslant p \leqslant 1 \quad (3.24)$$

为截断的分位点函数。

在评价尾部区域的拟合优度方面，q-q 图是一种非常有用的方法。以图 3.5 为例，从图中可以发现，除了两个最大的点之外，分布似乎充分拟合了数据，但这两个点有点被过度估计了。

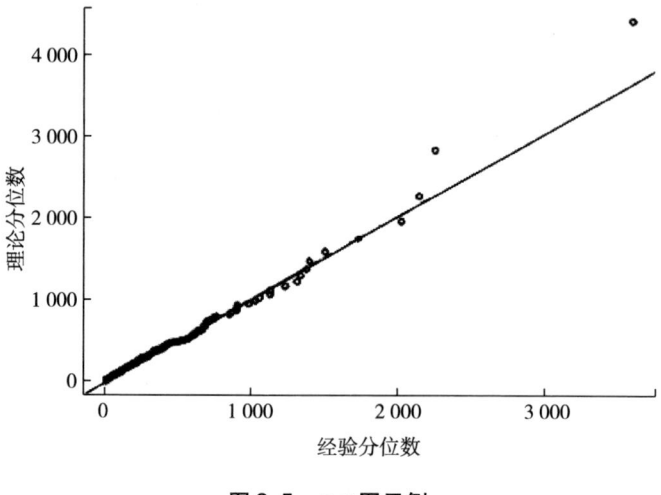

图 3.5　q-q 图示例

与此相类似，概率－概率图（p－p 图）比较的是概率，在这种情况下，图中标示的点为：

$$\left\{\left(\frac{i}{n+1}, F(x_i)\right): i = 1, \cdots, n\right\} \quad (3.25)$$

3.4.3　分析法

如同 Kolmogorov-Smirnov 和 Anderson-Darling 定义的检验方法，分析法是拟合优度的统计检验。① 假设样本 $x_1, \cdots, x_n$ 为概率分布函数

---

① 其他的拟合优度检验方法还有 Cramer-von Mises 和 Kuiper 定义的检验方法。

$F(x)$ 的独立同分布随机变量的实现值，那么要检验的假设为：

- H_0：样本服从分布函数 $F(x)$。
- H_1：样本不服从分布函数 $F(x)$。

检验的统计量为经验概率分布函数和估计概率分布函数间的距离量度，结果统计量值越小，则说明分布拟合得越好。

Kolmogorov-Smirnov 检验

Kolmogorov-Smirnov 检验统计量为：

$$D = \max_{1 \leq i \leq n} \left| F(x_i) - \frac{i}{n} \right| \qquad (3.26)$$

其中，$x_1 \leq x_2 \leq \cdots \leq x_n$ 为排序后的样本，这个统计量度量了经验分布函数和理论分布函数间的最大差值。

Anderson-Darling 检验

Anderson-Darling 检验统计量为：

$$A^2 = n \int_{-\infty}^{+\infty} \frac{(F_n(x) - F(x))^2}{(F(x)(1 - F(x)))} dF(x) \qquad (3.27)$$

其中：

- $F(x)$ 为理论分布函数。

- $F_n(x_i) = \dfrac{n - i + 0.5}{n}$ 是经验分布函数。

Anderson-Darling 检验统计量的计算公式如下：

$$A^2 = -n - \sum_{i=1}^{n} \frac{2i-1}{n}(\ln F(x_i) + \ln(1 - F(x_{n+1-i}))) \quad (3.28)$$

其中，$x_1 \leqslant x_2 \leqslant \cdots \leqslant x_n$ 为排序后的样本。

如果损失数据是关于一个最小阈值 H 截断的，那么概率分布函数 F 可由截断的分布函数 F^* 代替。

我们发现 Anderson-Darling 检验比 Kolmogorov-Smirnov 检验更有意义，因为 Anderson-Darling 检验对分布的尾部赋予了更高的权重。

p 值的计算

每个检验都要计算 p 值，$1-p$ 的值为可能拒绝原假设的最大置信水平，因此应该最大化 p 值。

如果 p 值小于显著性水平 α（α 一般为 5%~10%），就拒绝原假设。如果 D 是拟合优度统计量（如 Kolmogorov-Smirnov 或 Anderson-Darling）的观察值，d 为给定显著性水平的临界值，那么 p 值计算式为 $p = \mathbb{P}(D \geqslant d)$。

计算 p 值和临界值的另一种可能的方法是对每个假设的分布实施蒙特卡洛模拟，从而计算观察值 D。那么，对于一个给定的显著性水平 α，观察值 D 的计算步骤如下：

1. 从拟合的截断分布中生成大量样本（如 I = 1000），每个样本的规模 n 等于观察数据的数量（这样使得所有的点均大于或等于 H）。
2. 对每个样本 $i(i = 1, \cdots, I)$，拟合截断分布，并估计条件参数。
3. 对每个样本 $i(i = 1, \cdots, I)$，估计拟合优度的统计量值。
4. p 值作为样本统计量值超过初始样本观察值 D 的次数的比例。
5. 如果 $p < \alpha$，则拒绝原假设 H_0。

比如，p 值为 0.3，这表明运用相同的分布和相同的参数估计过程，从模拟中得到的类似规模样本的检验统计量值，有 30% 比初始样本的检验统计量值高。

施瓦茨-贝叶斯准则

在比较不同分布的拟合优度方面，除了正式的假设检验外，还有一个可供选择的方法，该方法应用似然值，然后根据样本规模和参数数量对该值进行调整。

施瓦茨-贝叶斯准则（Schwarz Bayesian Criterion，缩写为 SBC）表示为：

$$SBC = NLL + r\ln(n/2\pi) \qquad (3.29)$$

其中，NLL 为似然函数值的负对数，r 为估计参数的数量，n 为样本规模。因此，最好的模型是 SBC 值最小的模型。我们注意到，随着样本规模的增加，对额外参数的惩罚也相应增加。在大样本情况下，实现对少量参数的正确估计是可能的，从而证明一个更复杂的求解过程。随着样本规模的增加，假设检验会变得更加有力，而且人们倾向于选择备择假设，即使它们对总体的描述只稍微精确了一点。对有类似参数数量的模型，分布负的对数似然值越小，就越倾向于被选择。

3.4.4 频率分布

令离散随机变量 N 表示年损失频率，其概率质量函数为 p，概率分布函数为 P。可用于操作损失频率建模的分布主要有泊松分布、几何分布、二项分布和超几何分布。在这些分布中，泊松分布是最常用的。

如果一个离散随机变量 N 的概率分布函数可表示为：

$$\mathbb{P}(N=n) = p_n = e^{-\lambda}\frac{\lambda^n}{n!}, n=0,1,2,\cdots \tag{3.30}$$

那么定义随机变量 N 为一个参数是 λ 的泊松变量，并将其表示为 $N \sim \mathrm{Po}(\lambda)$。

泊松分布参数的样本估计 $\lambda_{样本}$ 为大于或等于最小阈值 H 的年损失发生次数的经验平均值，因此样本估计 $\lambda_{样本}$ 表示为：

$$\hat{\lambda}_{样本} = \frac{1}{t}\sum_{i=1}^{t}n_i \tag{3.31}$$

其中：

- n_i 为第 i 年发生损失（大于或等于最小阈值 H）的次数。
- t 为观察期的长度，以年为度量单位。

和程度分布中所考虑的一样，如果只考虑超过某阈值的损失，那么频率分布也会受到记录偏差的影响。如果某个银行设置的记录阈值水平较高，那么记录的损失事件的平均数量就低。这表明必须针对记录偏差对事件的平均数量也进行修正。

在调整了程度分布后，针对记录偏差对频率分布的调整形成了进一步的分析。

如仅讨论超过某一阈值 H 的损失，那么估值会产生偏差，因而需要对其修正。样本估计和实际数据库估计间的关系可通过获得高于观察阈值的某个损失的概率给出。据此可以通过调整频率参数，来获得在考虑所有正损失条件下的参数估计：

$$\hat{\lambda} = \frac{\hat{\lambda}_{\text{样本}}}{\mathbb{P}(X > H)} = \frac{\hat{\lambda}_{\text{样本}}}{1 - F(H)} \qquad (3.32)$$

其中：

- $\hat{\lambda}$ 为考虑全部正损失时的泊松分布参数的估计 ($x > 0$)。
- $\hat{\lambda}_{\text{样本}}$ 为仅考虑超过某一阈值的损失时，泊松分布参数的估计 ($x > H$)。
- F 为损失程度的概率分布函数。

运用泊松分布是因为该分布仅需要估计一个参数，且其均值和方差相等。但是，该分布也存在一些局限性，因为该分布假设在一段时间内损失的发生率是常数。而在现实中，操作损失发生的频率并非常数，因此负二项分布可被用于对操作损失频率的建模。负二项分布是泊松分布的一般化，它要求估计两个参数，与泊松分布相比，负二项分布考虑了分布形状的灵活性。对操作风险的量化实证研究结果已经表明（见参考文献7和3），负二项分布对操作损失频率的拟合效果更好。负二项分布的概率质量函数为：

$$p(n;\alpha,\beta) = \binom{n+\alpha-1}{n}\left(\frac{1}{1+\beta}\right)^{\alpha}\left(\frac{\beta}{1+\beta}\right)^{n}, n = 0,1,2\cdots$$

(3.33)

其中，$\alpha > 0, \beta > 0$。参数的极大似然估计可通过求解下述方程组获得：

$$\begin{cases} \alpha\beta = \mu_{样本} \\ \alpha\beta(1+\beta) = \sigma^2_{样本} \end{cases}$$

其中，$\mu_{样本}$ 和 $\sigma^2_{样本}$ 分别为经验均值和方差。

而且对负二项分布而言，如果仅考虑超过某一阈值 H 的损失，那么也需要针对记录偏差对估计予以调整。参数估计可通过求解下述方程组获得：

$$\begin{cases} \alpha\beta = \dfrac{\mu_{样本}}{1-F(H)} \\ \alpha\beta(1+\beta) = \dfrac{\sigma^2_{样本}}{(1-F(H))^2} \end{cases}$$

其中，F 为损失程度的概率分布函数。

3.5 极值理论的应用

在为操作损失程度建模时,找到一个能充分拟合低额损失和高额损失的分布是非常困难的。操作风险损失数据集包括两个截然不同的部分:高频低影响的损失,即分布的主体部分;低频高影响的损失,即分布的尾部。

要获得这两个子集的适当的拟合和稳健的结果需要由不同的分布来完成。因而我们在模型中应用了极值理论(见图 3.6)。

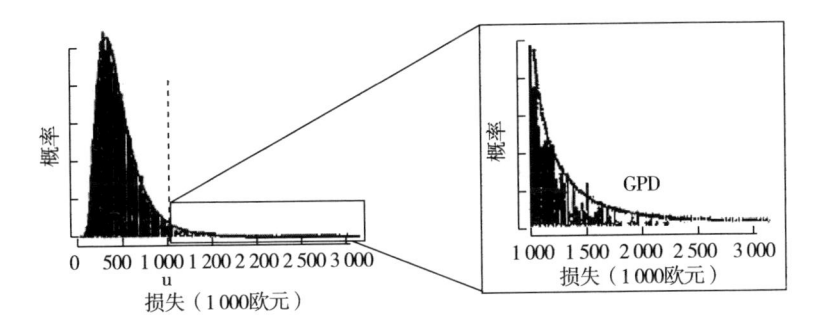

图 3.6 极值理论

已知某阈值 u,超过这一值的数据定义为极值。令 X 为一随机值,其分布函数为 F,那么条件分布为:

$$F_u(y) = \mathbb{P}(X - u \leq y | X > u) \qquad (3.34)$$

这是 X 超过阈值 u 的超额分布函数。

对于由 F 所表示的大量的分布类型而言,在 $u \to \infty$ 时,超额分布函数的极限分布可通过广义帕累托分布(generalized Pareto distribution，缩写为 GPD)[1] 来确定：

$$G_{\xi,\beta}(y) = \begin{cases} \xi \neq 0, 1 - (1 + \xi \frac{y}{\beta})^{-\frac{1}{\xi}} \\ \xi = 0, 1 - \exp(-\frac{y}{\beta}) \end{cases} \quad (3.35)$$

其中，若 $\xi \geq 0$，则 $y \geq 0$；若 $\xi < 0$，则 $0 \leq y \leq -\beta/\xi$。

$\xi \in \mathbb{R}$ 和 $\beta > 0$ 分别为形状和标度参数。如果 $\xi > 0$，则说明该分布将有一个厚尾，即该分布尾部衰减得比指数分布要慢。[2]

因为 X 被定义为 $X = u + y$，所以广义帕累托分布可相应地根据 X 来定义：

$$G_{\xi,\beta}(x - u) = 1 - (1 + \xi \frac{x - u}{\beta})^{-\frac{1}{\xi}} \quad (3.36)$$

根据条件概率的定义，超额分布函数 $F_u(y)$ 可表示为：

$$F_u(y) = \frac{F(y + u) - F(u)}{1 - F(u)} \quad (3.37)$$

因此，X 分布的尾部可定义为：

$$F(x) \cong (1 - F(u))G_{\xi,\beta}(x - u) + F(u), x > u \quad (3.38)$$

当阈值 u 较高时，$F(u)$ 可用经验估计量[3]$(n - N_u)/n$ 来确定，其

---

[1] 来自 Pickands、Balkema 和 de Haan 定理。
[2] 对操作数据而言，通常如此。
[3] 或通过一个参数估计（如对数正态分布）。

中，N_u 为极值数据点的个数，n 为样本规模。

因此，尾部估计量为：

$$\hat{F}(x) = 1 - \frac{N_u}{n}\left(1 + \xi\frac{x-u}{\beta}\right)^{-\frac{1}{\xi}}, x > u \qquad (3.39)$$

对一已知概率 $q > F(u)$，尾部百分位数 $\hat{F}^{-1}(q)$ 可通过对尾部估计量求逆来获得：

$$\hat{F}^{-1}(q) = u + \frac{\beta}{\xi}\left(\left(\frac{n}{N}(1-q)\right)^{-\xi} - 1\right) \qquad (3.40)$$

在确定阈值 u 之后，即可根据高于该阈值的数据来估计广义帕累托分布参数，常用的广义帕累托分布参数的估计方法为极大似然估计法。

广义帕累托分布的密度函数为：

$$g_{\xi,\beta}(y) = \begin{cases} \xi \neq 0, \dfrac{1}{\beta}\left(1 + \xi\dfrac{y}{\beta}\right)^{-\frac{1}{\xi}-1} \\ \xi = 0, \dfrac{1}{\beta}\exp\left(-\dfrac{y}{\beta}\right) \end{cases} \qquad (3.41)$$

定义 $y_1, \cdots, y_{N_u}$ 为超过阈值的超额数据，则对数似然函数为：

$$l(\xi,\beta) = \sum_{i=1}^{N_u} \ln(g_{\xi,\beta}(y_i)) \qquad (3.42)$$

由此可获得的参数估计为：

$$(\hat{\xi},\hat{\beta}) = \arg\max_{\xi,\beta} l(\xi,\beta) \qquad (3.43)$$

阈值的选择至关重要,因为它决定了:

- 建模数据点的数量。
- 超过阈值数据的质量。

一个低的阈值将包括相当数量的数据,但不能确保这些数据属于极值;而一个高的阈值将保证有更多的数据实际上属于极值,但由于数据的数量较少,从而降低了估计的质量,增加了估计的偏差。

我们运用图形分析法,即随机超额数据均值法来选择阈值。随机超额数据均值函数 $e(u)$ 的解析表达式为:

$$e(u) = \mathbb{E}\left(X - u \mid X > u\right) \tag{3.44}$$

它的经验估计值可表示为超出阈值 u 的超额数据之和与超额数据点数量之比:

$$e(u) = \frac{1}{N_u} \sum_{i=1}^{N_u} y_i \tag{3.45}$$

如果经验超额均值函数可近似看作关于 u 的一条直线,那么超过该阈值的超额数据可被视为服从一个广义帕累托分布(见图3.7)。我们知道这可能是一个非常重要的选择。根据我们的经验,对同一幅图,不同的分析者可能产生不同的 u 值。

如果分布行为类似一个形状参数为 ξ、标度参数为 β 的广义帕累托分布,那么超额均值函数将是这个阈值的一个线性函数:

第 3 章 损失分布方法

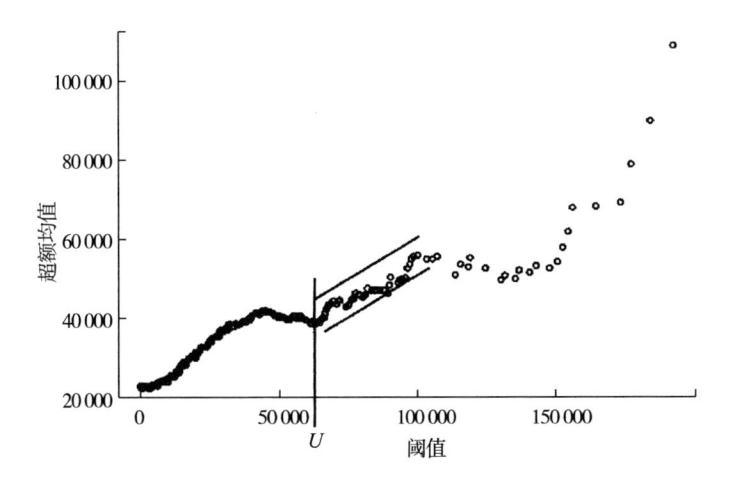

图 3.7 通过超额均值函数的阈值分析

$$e(u) = \frac{\beta + \xi u}{1 - \xi} \quad (3.46)$$

如果这条线的斜率为正，那么广义帕累托分布将有一个正的形状参数；如果这条线是平的，那么分布是指数分布。确定了广义帕累托分布的形状参数和标度参数后，就需要进行进一步的图形分析，以确认该阈值的合理性，即检验形状参数随阈值变化的稳定性。

3.6 g-h 分布理论

我们分析用于操作损失数据建模的另一种分布：g-h 分布（见参考文献 8、9 和 10）。

g-h 分布最早由 Tukey 定义（见参考文献 11）。

令 Z 为标准正态分布随机变量，即 $Z \sim N(0,1)$，对 Z 进行下述变换：

$$X = A + B\frac{e^{gZ} - 1}{g}e^{\frac{1}{2}hZ^2} \qquad (A, B, g, h \in \mathbb{R}) \qquad (3.47)$$

由此得到的随机变量 X 服从 g-h 分布。

由于随机变量 X 的支集为 $\mathbb{R}$，所以 X 可以取正值和负值。特别是，如果 $h = 0$，那么 g-h 变换为：

$$X = A + B\frac{e^{gZ} - 1}{g} \qquad (3.48)$$

此时 X 服从 g 分布。同理，如果 $g = 0$，那么 g-h 变换为：

$$X = A + Be^{\frac{1}{2}hZ^2} \qquad (3.49)$$

此时 X 服从 h 分布。

当 $g = 0$ 且 $h = 0$ 时，随机变量 X 服从标准正态分布。

在 g-h 分布的特征性描述中，参数 A 和 B 并不太重要，因为它们只是一个简单的线性变换成分。

由于 g-h 分布函数有 4 个参数，因此它可以考虑包括广义帕累托分布在内的多种分布形式。

g-h 分布的一个重要特征是对 $h > 0$，函数：

$$k(x) = \frac{e^{gx} - 1}{g}e^{\frac{1}{2}hx^2} \qquad (3.50)$$

是增函数，因此如果一个随机变量 X 的概率分布函数是 g-h 函数，那么我们可以得出：

$$F(x) = \Phi(k^{-1}(x)) \qquad (3.51)$$

其中，Φ 为标准正态分布随机变量的概率分布函数。

假如上述特性适用，如果参数 A、B、$g \in \mathbb{R}$ 和 $h \in \mathbb{R}^+$ 已知，则在理论上，计算该分布的 α 分位点是可能的，可表示为：

$$q_\alpha = F^{-1}(\alpha) = k(\Phi^{-1}(\alpha)), 0 < \alpha < 1 \quad (3.52)$$

在对这类分布进行分析的过程中，面临的主要问题是 g-h 累积分布函数计算的复杂性。因为函数 $k^{-1}(x)$ 事实上并没有一个显式表达式。

但运用数值优化方法来计算 $k^{-1}(x)$ 则是有可能的，即给定 X，使 Z 的函数 $w(Z)$ 最小，$w(Z)$ 表示为：

$$w(Z) = \left| X - \left(A + B \frac{e^{gZ} - 1}{g} e^{\frac{1}{2}hZ^2} \right) \right| \quad (3.53)$$

这个优化过程只有在参数 A、B、$g \in \mathbb{R}$ 和 $h \in \mathbb{R}^+$ 为已知时，才可实现。

因为参数常常是未知的，所以必须实施一个程序来估计它们的值。

极大似然估计方法不能用来估计这些参数的值，因为从计算的观点来看，这种计算将会非常复杂。

事实上，g-h 变量的概率密度函数可以表示为：

$$\frac{dF(x; A, B, g, h)}{dx} = \frac{\Phi(k^{-1}(x; A, B, g, h))}{k'(k^{-1}(x; A, B, g, h); A, B, g, h)} \quad (3.54)$$

其中，$k'(z)$ 为函数 $k(z)$ 关于 z 的导数，A, B, g, h 为 g-h 分布的参数。

为了极大化似然函数，我们需要使值 $L(A,B,g,h)$ 或其对数值最大化，$L(A,B,g,h)$ 表示为：

$$L(A,B,g,h) = \prod_{i=1}^{n} \frac{\Phi(k^{-1}(x;A,B,g,h))}{k'(k^{-1}(x;A,B,g,h);A,B,g,h)} \quad (3.55)$$

其中，n 为样本规模。从式中可以看出，必须对函数求导，而且求导计算只能通过数值计算完成，但也因此难以检查其数值误差。

我们认为应该通过使 Anderson-Darling 统计量取得最小值来实现优化。这是一个基于散度最小化一般方法的特例。该方法能够获得参数的一个稳健的、一致的和渐近的正规赋值（见参考文献 12）。

Anderson-Darling 统计量为：

$$d(F_n, F_\theta) = \int_{-\infty}^{\infty} [F_n(x) - F_\theta(x)]^2 [F_n(x)(1 - F_\theta(x))]^{-1} dF_\theta(x)$$

$$(3.56)$$

其中，F_θ 为参数 θ 的理论概率分布函数（此时，参数向量为 A,B,g,h），F_n 为根据 n 个观察值估计的经验概率分布函数。

式（3.56）的最小值的计算即是最小化 $\hat{d}(F_n, F_\theta)$：

$$\hat{d}(F_n, F_\theta) = -\frac{1}{n^2} \sum_{i=1}^{n} (2i-1)[\ln F_\theta(x_i) + \ln(1 - F_\theta(x_{n+1-i}))] - 1$$

$$(3.57)$$

其中，n 为样本规模，x_i 为样本的第 i 个有序观察值（$x_1 \leqslant x_2 \leqslant \cdots \leqslant x_{n-1} \leqslant x_n$）。

使 $\hat{d}(F_n, F_\theta)$ 最小的 $\hat{\theta}$ 值就是参数 $\theta = (A, B, g, h)$ 的估计值。

如果我们对这个过程感兴趣，我们将考虑使用截断数据的可能性，因为低于阈值的观察值可能没有。考虑到我们没有使用极大似然方法，而第 3.4 节中描述的截断分布又不能使用，在这种情形下，我们可以使用转换分布。如果我们有超过最小阈值 $H > 0$ 的损失样本 $x_1, x_2, \cdots, x_n$，那么通过使阈值为 0，产生新的样本 $x_1 - H, x_2 - H, \cdots, x_n - H$，在此基础上再应用估计过程。当从估计的转换分布中模拟出数值时，再将这些值加上一个 H 来获得超过阈值的模拟损失样本。

3.7 操作风险资本计算

我们在前面章节中分析了 LDA 基本框架（见第 3.2 节）和程度分布的估计方法（见第 3.4 节、第 3.5 节和第 3.6 节），现在我们将在操作风险资本模型中对 LDA 方法的实际应用予以完整的表述，其中包括极值理论的应用。

在运用第 3.2 节中描述的计算方法时，我们将对每个操作风险类型的频率和程度予以考虑和建模。

我们将运用极值理论方法，分别估计分布的主体和尾部。主体建模应采用表 3.1 中的一个分布，而对于尾部，则应用一个广义帕累托分布。

正如在程度分布中考虑的一样，对频率分布，我们也必须分别考虑分布的主体和尾部，并应用两个频率分布为之建模。而且在这两种情况下，频率均通过一个泊松分布建模。

风险价值是通过运用蒙特卡洛模拟获得的。根据我们的经验，为了获得年加总损失的分布和足够精确的风险价值，需要实施1 000 000次模拟。增加模拟次数，可以改进结果的稳健性。但增加模拟次数，也相应地增加了计算的时间。通过对结果的稳健性进行检验，我们认为，要获得满足要求置信水平的、足够精确的结果，1 000 000次模拟是最少的模拟次数。根据《巴塞尔协议Ⅱ》中对高级度量法的规定（见参考文献2），风险价值为由推导获得的分布的99.9%分位点。我们根据其标准形式，将该方法运用于所有选定的、保单未涵盖的（或仅部分涵盖的）风险类型。对于有保险的风险类型，实施蒙特卡洛模拟时要考虑其减缓效应（见第3.8节）。

在获得风险资本之后，我们要进行调整，将操作业务环境和内部控制因素考虑在内（见第3.9节关于主要风险指标的内容）。我们计算了一个调整系数，并将其应用于风险价值。在我们的模型中，调整系数使我们可以根据风险指标趋势来修正风险价值。

在获得每个风险类型的风险价值和年损失分布后，我们计算总的资本：

- 对已经获得的数值求和，即此时假设不同的风险类型是完全相关和共单调的。
- 运用基于Copula的方法（见第3.10节），来考虑分散化效应。

我们坚持认为，最好考虑第二个选择，因为考虑分散化效应可以更好地描述银行的风险暴露。

3.7.1 损失程度分布

程度分布是单个损失额的概率分布函数。运用极值理论，通过分别估计低于阈值 u 的分布主体和高于阈值的分布尾部，即可获得程度分布。在估计分布主体时，我们仅考虑内部损失数据，而在估计分布尾部时，则要考虑内部数据、外部数据和情景生成数据。对于低于阈值 u 的损失，我们使用参数法，而对于高于阈值的损失，则使用极值理论。我们通过对不同数据源的数据同质性和可获得性进行权衡，并且运用第 3.5 节中介绍的图形法来设置阈值。那么程度随机变量 X 的密度函数为：

$$f_X(x) = \begin{cases} \omega \cdot f^*_{\text{主体}}(x), & x < u \\ (1-\omega) \cdot f^*_{\text{尾部}}(x), & x \geq u \end{cases}$$

其中：

- $f^*_{\text{主体}}(x) = \dfrac{f_{\text{主体}}(x)}{F_{\text{主体}}(u)}$ 为低于阈值时截断的主体分布的概率密度函数。

- $f^*_{\text{尾部}}(x) = \dfrac{f_{\text{尾部}}(x)}{1 - F_{\text{尾部}}(u)}$ 为高于阈值时截断的尾部分布的概率密度函数。

- ω、$1-\omega$ 为程度分布中主体分布和尾部分布的权重。

我们定义 $\omega = F_{\text{主体}}(u)$。

主体分布

我们认为，程度分布的主体必须仅使用内部数据来估计，这样结果才会尽可能显示出对风险的敏感性。我们知道，这样可能没有足够的数据可以获得，但我们决定不在损失程度分布主体的建模中包括外部数据。由于这个问题不涉及相关的国际性银行，如联合信贷集团，我们决定不在主体分布的建模中纳入外部数据。

正如前面所提到的，我们定期对表 3.1 中的分布进行测试。我们为单一风险类型选择分布时，将考虑拟合优度结果、分布特性和资本值的合理性。根据我们的经验，对数正态分布几乎在所有的情况下都是最好的。

在操作损失关于最小阈值 H 被截断的条件下，我们使用极大似然估计方法来估计参数。截断条件下的概率密度函数如下 [见式 (3.21)]：

$$f_X^*(x,\theta) = f(x,\theta|x \geq H) = \frac{f(x,\theta)}{1 - \mathbb{P}(x \leq H)} = \frac{f(x,\theta)}{1 - F(H,\theta)}, x \geq H$$

(3.58)

其中：

- θ 为包含分布参数的向量（如对数正态分布的参数 $\theta = (\mu, \sigma)$）。
- H 为最小阈值，$f(x,\theta)$ 为概率密度函数。

在对数正态分布条件下，我们有：

$$f(x,\theta) = f_{LN}(x;\mu,\sigma) = \frac{1}{x\sigma\sqrt{2\pi}}\exp\left(-\frac{(\ln(x)-\mu)^2}{2\sigma^2}\right) \quad (3.59)$$

如第 3.4 节中所描述的那样，已知损失 $x_1,\cdots,x_n$，对数似然函数为：

$$l(\theta) = \sum_{i=1}^{n}\ln(f^*(x_i,\theta)) \quad (3.60)$$

通过极大化对数似然函数，可以获得参数估计：

$$\hat{\theta} = \arg\max_{\theta}l(\theta) \quad (3.61)$$

对于对数正态分布，$\hat{\theta} = (\mu,\sigma)$，$f_{主体}(x) = f_{LN}(x;\mu,\sigma)$，因此分布的主体为：

$$f^*_{主体}(x) = \frac{f_{主体}(x)}{F_{主体}(u)} = \frac{f_{LN}(x;\mu,\sigma)}{F_{LN}(u;\mu,\sigma)} \quad (3.62)$$

尾部分布

在尾部部分，内部损失数据的样本规模常常不足以保证估计的一致性和稳健性。在这种情况下，就需要结合其他数据源。我们决定通过结合内部数据、外部数据和情景生成的数据来为程度分布的尾部建模。[1] 将内部数据、外部数据和情景生成的数据结合在一起的

---

[1] 将内部数据、外部数据和情景生成的数据结合在一起的一个简单的方法就是，将高于同一阈值的数据混合成一个唯一的样本，此时，我们假设它们有相同的概率分布函数（见参考文献 13）。

一种更高级的方法是贝叶斯方法（见参考文献14）。我们选择使用第一种方法是因为它简单，但是我们正在进行广泛的研究，以采取更高级的方法。阈值的选择要以确保数据同质性和可获得性之间的平衡为准则。

运用极值理论时，对关于高阈值 u 的数值的估计是通过广义帕累托分布来完成的。

对高于阈值 u 而被截断的损失数据的概率分布函数为：①

$$G_{\xi,\mu,\beta}(x) = \begin{cases} 1 - (1 + \xi\dfrac{x-\mu}{\beta})^{-\frac{1}{\xi}}, & \xi \neq 0 \\ 1 - \exp(-\dfrac{x-\mu}{\beta}), & \xi = 0 \end{cases} \quad (3.63)$$

概率密度函数为：

$$G_{\xi,\mu,\beta}(x) = \begin{cases} \dfrac{1}{\beta}(1 + \xi\dfrac{x-\mu}{\beta})^{-\frac{1}{\xi}-1}, & \xi \neq 0 \\ \dfrac{1}{\beta}\exp(-\dfrac{x-\mu}{\beta}), & \xi = 0 \end{cases} \quad (3.64)$$

其中，如果 $\xi \geq 0$，则 $x \geq 0$（$x \geq \mu$）；如果 $\xi < 0$，则 $0 \leq x \leq \mu - \beta/\xi$（$\mu \leq x \leq \mu - \beta/\xi$）。② ξ 和 β 分别为形状参数和标度参数时，μ 为位置参数，并令其阈值为 u（$\hat{\mu} = u$）。

广义帕累托分布的参数估计运用极大似然估计方法来完成（见

---

① 注意，高于阈值 u 的损失额由三参数的广义帕累托分布来建模。
② 原文中的表述为：如果 $\xi \geq 0$，则 $x \geq 0$；如果 $\xi < 0$，则 $0 \leq x \leq \mu - \beta/\xi$。译者根据式（3.63）和式（3.64）的推导，对条件做了修改。——译者注

第 3 章　损失分布方法

第 3.5 节）。

尾部分布的结果是：

$$f^*_{尾部}(x) = \frac{f_{尾部}(x)}{1 - F_{尾部}(u)} = \frac{g_{\xi,\mu=u,\beta}(x)}{1 - G_{\xi,\mu=u,\beta}(u)} = g_{\xi,\mu=u,\beta}(x)$$

（3.65）

3.7.2　损失频率分布

频率分布是在一年内发生损失次数的概率分布函数。分布估计使用的是内部数据，这是我们可以使用的相关数据源。假设年损失频率服从一个参数为 λ 的泊松分布，定义离散随机变量 N 为一个参数为 λ 的泊松变量，并可表示为 $N \sim \text{Po}(\lambda)$，此时适用以下概率质量函数：

$$\mathbb{P}(N = n) = p_n = e^{-\lambda}\frac{\lambda^n}{n!}, n = 0,1,2,\cdots \quad (3.66)$$

泊松分布参数的样本估计 $\lambda_{样本}$ 为年损失大于或等于最小阈值 H 的发生次数的经验平均值：

$$\hat{\lambda}_{样本} = \frac{1}{t}\sum_{i=1}^{t} n_i \quad (3.67)$$

其中：

- n_i 为第 i 年年损失大于或等于最小阈值 H 的发生次数。
- t 为观察期的长度，以年为度量单位。

正如在第3.4.4节中观察到的，如果仅考虑超过阈值 H 的损失，估计将会有偏差，因而需要对其修正。样本估计和实际数据估计间的关系可通过一个概率表示，即获得高于观察阈值的某一损失的概率。因此可通过考虑所有正损失来对损失频率参数予以调整：

$$\hat{\lambda} = \frac{\hat{\lambda}_{样本}}{\mathbb{P}(X > H)} = \frac{\hat{\lambda}_{样本}}{1 - F(H)} \tag{3.68}$$

其中：

- $\hat{\lambda}$ 为考虑全部正损失时的泊松分布参数的估值 $(x > 0)$。
- $\hat{\lambda}_{样本}$ 为泊松分布参数的样本估计 $(x > H)$。
- F 为损失程度的概率分布函数。

因为我们将程度分布分为两个部分，因此对频率分布也同样分为两个部分。①

假设 $Po(\lambda_1)$ 和 $Po(\lambda_2)$ 相互独立，根据泊松分布的性质：

$$Po(\lambda_1 + \lambda_2) = Po(\lambda_1) + Po(\lambda_2) \tag{3.69}$$

则与程度分布每个部分相关的频率分布参数可估计为：

$$\hat{\lambda}_{主体\ (x<u)} = \hat{\lambda} \cdot \mathbb{P}(x < u) = \hat{\lambda} \cdot \omega \tag{3.70}$$

$$\hat{\lambda}_{尾部\ (x \geq u)} = \hat{\lambda} \cdot \mathbb{P}(x \geq u) = \hat{\lambda} \cdot (1 - \omega) \tag{3.71}$$

---

① 这种方法不是必需的，但从计算的角度来看是有用的。

第3章 损失分布方法

其中：

- $\hat{\lambda}_{主体\,(x<u)}$ 为低于阈值 u 的损失频率分布参数。
- $\hat{\lambda}_{尾部\,(x\geqslant u)}$ 为高于阈值 u 的损失频率分布参数。
- ω、$1-\omega$ 为程度分布主体和尾部的权重。

考虑到程度分布主体的估计是利用大于或等于最小阈值 H 的损失完成的，因此没有证据表明在这个阈值以下分布的可靠性。如果 $F(H)$ 接近于1，我们可能获得一个比较高的 λ 值和 $\hat{\lambda}_{主体\,(x<u)}$ 值，相应地，运用蒙特卡洛模拟获得年损失分布的计算时间也变得非常长（见第3.7.3节）。实际上，计算时间随 λ 线性增加。[①] 根据用于操作风险建模的分布函数的特性，我们发现在最小阈值下的模拟损失对风险资本产生的影响是可忽略的（理论证明可见第3.11节），[②] 而在最小阈值下模拟损失时，蒙特卡洛模拟程序并没有什么帮助。

对高于最小阈值 H 的损失，一个解决办法是调整 $\lambda_{主体\,(x<u)}$ 为：

$$\hat{\lambda}_{主体\,(H\leqslant x\leqslant u)} = \hat{\lambda}_{主体\,(x<u)} \cdot \frac{\mathbb{P}(H<x<u)}{\mathbb{P}(x<u)} = \hat{\lambda}_{主体\,(x<u)} \cdot \frac{F(u)-F(H)}{F(u)}$$

(3.72)

此时，对程度分布主体必须实施蒙特卡洛模拟，获得阈值 H 和 u

[①] 根据我们的经验，使用一个1GB内存的3Ghz奔腾4处理器，在 $\lambda=1\,000$，且没有保险模型时，运行100万次蒙特卡洛模拟的计算时间为380秒，而如果包括保险，计算时间为510秒。

[②] 这是次指数分布的一个特性，该分布一般用于操作风险的建模（见参考文献15）。

之间的损失样本。

3.7.3 年损失分布

通过卷积公式，即可获得年损失分布。这是在持有期内总损失 S 的分布，总损失 S 由各单一损失的程度 X 给出：

$$S = \sum_{i=1}^{N} X_i \tag{3.73}$$

随机变量 S 的概率分布函数为：

$$F_S(x) = \mathbb{P}(S \leq x) = \sum_{n=0}^{\infty} p(n) \cdot \mathbb{P}(S \leq x | N = n)$$

$$= \sum_{n=0}^{\infty} p(n) \cdot F_X^{*n}(x), x > 0 \tag{3.74}$$

其中，$F_X^{*n}(x)$ 为程度分布函数 F_X 的 n 重卷积（见第3.2节）。

但需要注意的是，通常不可能找到 F_S 的闭式表达式，因而常常使用数值方法来获得 F_S。一些可用的方法有：

- 蒙特卡洛方法。
- Panjer 递归方法。
- 快速傅里叶变换（Fast Fourier Transforms，缩写为 FFT）。

我们使用了蒙特卡洛方法，虽然该方法在计算时间上有比较苛刻的要求，但它能确保结果的准确性，而且便于实施。Panjer 递归方法和快速傅里叶变换方法对不合适的初始设置往往出现下溢或上溢。

蒙特卡洛方法的步骤为：

1. 从频率分布中采样，估计第 j 年发生的损失数量 n_j。
2. 从程度分布中抽取 n_j 个独立的实现值，它们表示在第 j 年发生的 n_j 个损失。
3. 对上一步模拟产生的 n_j 个实现值求和，得出第 j 年发生的年损失。

对上述步骤重复 J 次。

J 越大，估计的精确度越高。我们一般建议至少 $J = 1\,000\,000$，但为了获得一个可以忽略的数值抽样误差，这个值应该增加，直到 $J = 10\,000\,000$ 为止。

为了了解使用蒙特卡洛模拟所产生结果的易变性，一个方法就是重复这个过程几次，然后计算所获得估计的偏差。减小计算结果偏差的一个方法是将重复蒙特卡洛模拟所产生的估值的平均数或中位数作为最后的计算结果。

如果应用极值理论方法，那么程度分布和频率分布的主体和尾部将分别进行估计。因此我们将蒙特卡洛模拟应用于分布的每个部分。已知 $\lambda_{主体}$ 和 $\lambda_{尾部}$（前文已对 $\lambda_{主体(H \leqslant x \leqslant u)}$ 和 $\lambda_{尾部(x \geqslant u)}$ 进行了估计），下述实现值是可以获得的：

- $n_j^{主体}(j = 1,2,\cdots,J)$ 从一个参数为 $\lambda_{主体}$ 的泊松分布中获得。
- $n_j^{尾部}(j = 1,2,\cdots,J)$ 从一个参数为 $\lambda_{尾部}$ 的泊松分布中获得。

对每个 $j(j = 1,2,\cdots,J)$ 年，对程度分布的主体进行建模，然后从估计的分布（如对数正态分布）中模拟生成 $n_j^{主体}$ 个位于阈值 H 和 u 之间的损失。J 个年损失即为 J 个 $n_j^{主体}$ 模拟损失的和：

$$S_j^{主体} = \sum_{i=1}^{n_j^{主体}} x_{ij}^{主体}, j = 1, 2, \cdots, J \tag{3.75}$$

其中：

- $S_j^{主体}$ 为在第 j 步中阈值以下的年损失。
- $x_{ij}^{主体}$ 为在第 j 步时从程度主体分布中模拟生成的第 i 个损失。
- j 为步骤数。

正如在第 3.7.2 节中所观察到的，将参数化的主体分布扩展到低于最小阈值的部分可能会对频率产生难以置信的结果，并使计算时间大幅增加，因此我们不对低于最小阈值 H 的损失分布进行建模。但是，如果我们拥有足够可靠的低于最小阈值的损失数据，就可以通过将这些损失的年平均值加到从主体分布中抽样的每个年损失中，以此来考虑这些损失。通过这种方式，低于阈值 H 的损失将被认为不会因潜在的偏差对参数估计产生影响。

因而，与主体区域（损失额低于 u）相关的 J 个年损失为：

$$S_j^{主体} = S_{x<H} + \sum_{i=1}^{n_j^{主体}} x_{ij}^{主体}, j = 1, 2, \cdots, J$$

其中，$S_{x<H}$ 值是通过将低于最小阈值的所有损失求和，并将其正规化为一年持有期（即为年平均损失额）而获得的。

在对每个 $j(j = 1, 2, \cdots, J)$ 年的程度尾部分布进行建模时，从估计的广义帕累托分布中模拟生成 $n_j^{尾部}$ 个高于阈值 u 的损失，那么高于阈值 u 的 J 个年损失就等于 J 个模拟损失的和：

$$S_j^{尾部} = \sum_{i=1}^{n_j^{尾部}} x_{ij}^{尾部}, j = 1, 2, \cdots, J \tag{3.76}$$

其中：

- $S_j^{尾部}$ 为在第 j 步中阈值以下的年损失。
- $x_{ij}^{尾部}$ 为在第 j 步时从程度尾部分布中模拟生成的第 i 个损失。
- j 为步骤数。

低于阈值的 J 个年损失 $S_j^{主体}$ 和高于阈值的 J 个年损失 $S_j^{尾部}$ 之和就构成了模拟的年损失的一个样本，并记为：

$$[S_1, S_2, \cdots, S_J] \tag{3.77}$$

其中：

$$S_j = S_j^{主体} + S_j^{尾部}, j = 1, \cdots, J \tag{3.78}$$

3.7.4 单一风险类型的风险资本

单一风险类型损失分布的风险价值是置信水平为 α（即 $\alpha = 99.9\%$）的分位点，也就是说，如果将损失 $S_j(j = 1, \cdots, J)$ 按升序进行排列：

$$S_{1:J} \leqslant S_{2:J} \leqslant \cdots S_{J:J} \tag{3.79}$$

那么风险价值表示为：

$$VaR_{99.9\%} = F_S^{-1}(99.9\%) = \inf\left\{S_{j:J} : \frac{j}{J} \geq 99.9\%\right\} \quad (3.80)$$

但风险价值也可定义为预期损失（expected loss，缩写为 EL）和意外损失（unexpected loss，缩写为 UL）之和：

$$VaR = EL + UL \quad (3.81)$$

其中：

$$EL = \mathbb{E}(S) = \frac{1}{J}\sum_{j=1}^{J} S_j \quad (3.82)$$

在满足监管要求的条件下，可以从风险资本中扣除预期损失（见参考文献 1、2 和 4）。定义预期损失最便捷的方法是考虑年损失分布的均值，但这个统计量可能会给出过于敏感、无法按预期进行分类的极端损失的结果。基于此，我们使用了中位数，而非均值，这样我们获得的预期损失估计将更稳定和更稳健：

$$EL = F_S^{-1}(50\%) \quad (3.83)$$

3.8 保险建模

在评价保险合约对单一风险类型的影响的操作风险建模中，保险合约也是一个考虑的因素。这是对保险保护的一个合理替代方案，因为它考虑了单个保险合约的条件、免赔额和设置的保险限额。随

第3章 损失分布方法

机因素，如支付的不确定性和对手的违约风险，也应明确予以考虑（见参考文献 16）。

假设在满足监管要求的条件下，保单严格地覆盖了一个风险类型（见参考文献1、2和4）。如果对每个单一损失事件，我们设置免赔额为 d，且保单限额为 m，那么关于损失 x_{ij} 的保险追偿额为：

$$R_{d,m}(x_{ij}) = \min(\max(x_{ij} - d, 0), m), i = 1, \cdots, n_j, j = 1, \cdots, J \tag{3.84}$$

其中：

- n_j 为从频率分布中抽取的随机数，表示在 j 年发生损失的次数。
- x_{ij} 为在第 j 年，从程度分布中抽取的第 i 个损失。
- J 为模拟的年损失次数。

则净损失值修正为：

$$\tilde{x}_{ij} = x_{ij} - R_{d,m}(x_{ij}), i = 1, \cdots, n_j, j = 1, \cdots, J \tag{3.85}$$

年净损失为：

$$\tilde{S}_{ij} = \sum_{i=1}^{n_j} x_{ij} - \sum_{i=1}^{n_j} R_{d,m}(x_{ij}), j = 1, \cdots, J \tag{3.86}$$

假设在一年中累计的免赔额为 D，累计保单限额为 M，[①] 那么我

[①] 这些条件不适用于每个单一损失量，但可适用于整个年损失集合。

们可对年损失分布予以调整。年损失的收回额为：

$$R_{d,m,D,M}(S_j) = \min(\max(\sum_{i=1}^{n_j} R_{d,m}(x_{ij}) - D, 0), M), j = 1, \cdots, J$$

(3.87)

其中，$S_j = x_{1j} + \cdots + x_{n_j}$ 为第 j 个模拟的年损失，因此年损失净额为：

$$\tilde{S}_j = S_j - R_{d,m,D,M}(S_j), j = 1, \cdots, J$$

(3.88)

那么考虑保险条款后的风险量度可在样本 $[\tilde{S}_1, \cdots, \tilde{S}_J]$ 的基础上来计算。我们需要谨记的是，要达到与《巴塞尔协议Ⅱ》中高级度量法的要求一致，对保险的考虑应涉及下述几点：

- 适当的扣减，以反映保单递减的剩余期限。
- 支付的不确定性，如由于保单保险范围和分析的操作风险类型间的错配而造成的支付不确定性。[①]
- 在保险业者的信用价值和潜在集中风险方面，识别对手的风险。

3.8.1 适当扣减以反映保单递减的剩余期限

保单一定有一个长于一年的初始终止期限，对于初始期限短于一年的保单，银行应该做一些扣减，以反映较短的时间水平，对于

---

① 如当考虑外部欺诈时，银行综合保证保险保单只对抢劫提供保险。

期限为 90 天或不足 90 天的保单，则可 100% 的扣减。因此收回的年损失修正为：

$$R_{d,m,D,M}(S_j) = \alpha \cdot \min(\max(\sum_{i=1}^{n_j} R_{d,m}(x_{ij}) - D, 0), M), j = 1, \cdots, J \tag{3.89}$$

其中：

$$\alpha = \begin{cases} \dfrac{\min(剩余天数, 365)}{365}, & 剩余天数 > 90 \\ 0, & 剩余天数 \leq 90 \end{cases} \tag{3.90}$$

对撤销期限也适用类似的方法。

3.8.2 支付的不确定性

我们对保险合约和风险类型间的错配所导致的支付不确定性予以建模。

假设每个操作损失各自以概率 $p(0 \leq p \leq 1)$ 进行保险。这意味着每年被保险损失的发生次数是伯努利（Bernoulli）试验结果之和。那么，被保险损失的频率 $\tilde{N}$ 将服从一个二项分布 $\tilde{N} = B(n, p)$，其概率质量函数为：

$$\mathbb{P}(\tilde{N} = \tilde{n}) = \binom{n}{\tilde{n}} p^{\tilde{n}} (1-p)^{n-\tilde{n}} \tag{3.91}$$

其中：

- $\tilde{n}$ 为每年被保险损失的发生次数。
- n 为从频率分布中获得的年损失总的发生次数。
- p 为一个损失被保险的概率。

概率 p 可根据内部数据[①]估计为一个比例：

$$p = \frac{被保险损失\#}{损失\#} \tag{3.92}$$

其中：

- 被保险损失#表示被保险损失发生的次数。
- 损失#表示损失发生的总次数。[②]

我们运用蒙特卡洛方法来为不确定性建模，在该方法中，年损失次数 n_j 从频率分布中抽取，频率 $\tilde{n}_j$ 则从二项分布 $B(n_j, p)$ 中抽取。因此在规模为 n_j 的年损失次数中，有 $\tilde{n}_j$ 个损失的子集是被保险的，其余 $n_j - \tilde{n}_j$ 个损失的子集是未收回的损失，而且属于规模为 $n_j - \tilde{n}_j$ 的子集的损失是总损失额。

迄今为止，概率 p 一直被认为是常数。但经验证明，p 取决于损失额，因此对损失额的不同范围最好由特定的概率来表示。假设我

[①] 没有内部数据时，可使用系统估值。
[②] 考虑到一个被保险的损失因为诉讼而无法收回的概率，因此概率 p 应予以调整，它被估计为：$p = \dfrac{没有诉讼时被保险损失\#}{损失\#}$。

们有 K 个定义于不同损失额范围的概率 $p_1,\cdots,p_K$，并通过 $K-1$ 个阈值 $u_1,\cdots,u_{K-1}$（$u_1 \leqslant \cdots \leqslant u_{K-1}$）来划定界限：

$$p = \begin{cases} p_1 & x < u_1 \\ p_k & u_{k-1} \leqslant x < u_k \quad k = 2,\cdots,K-1 \\ p_K & x \geqslant u_{K-1} \end{cases} \quad (3.93)$$

其中，$p_k \leqslant p_{k-1}$，$k = 2,\cdots,K-1$。这样一个损失被保险的概率采用一个非增的阶梯函数来获得。①

对每个 k 实施模拟，以概率 p_k 得到一个年损失样本 $[\tilde{S}_1^k,\cdots,\tilde{S}_J^k]$，从而生成年损失分布。② 通过对未排序的样本 $[\tilde{S}_1^k,\cdots,\tilde{S}_J^k]$ 进行求和，即可获得总的年损失分布：

$$\tilde{S}_j = \sum_{k=1}^{K-1} \tilde{S}_j^k, j = 1,\cdots,J \quad (3.94)$$

为了反映与全额收回的差异，在公式中引进一个确定的因子对保险支付进行折扣：

$$R_{d,m,D,M}(S_j) = \beta \cdot \alpha \cdot \min(\max(\sum_{i=1}^{n_j} R_{d,m}(x_{ij}) - D, 0), M), j = 1,\cdots,J$$
$$(3.95)$$

其中，$\beta(0 \leqslant \beta \leqslant 1)$ 为平均收回率，表示为实际收回金额和可能

---

① p 也可以看作损失额的一个非增连续函数 $p = p(x)$，且 $\dfrac{dp}{dx} \leqslant 0$。
② 为了获得单个范围的年损失分布，需要估计包括在该范围内的损失频率，并且需要从该范围的程度分布中进行模拟。

收回金额之比。因子 β 可从内部损失数据中进行估计：

$$\beta = \frac{\text{实际收回的损失额}}{\text{可能收回的损失额}} \tag{3.96}$$

收回率可能是损失额的函数，那么 β 可运用一个非增的阶梯函数来建模：

$$\beta = \begin{cases} \beta_1 & x < u_1 \\ \beta_k & u_{k-1} \leq x < u_k \quad k = 2,\cdots,K-1 \\ \beta_K & x \geq u_{K-1} \end{cases} \tag{3.97}$$

其中，$\beta_k \leq \beta_{k-1}, k = 2,\cdots,K-1$。

支付延期会影响赔偿额，尤其是高额索赔。对于延期超过一年所影响的赔偿将不予考虑，因为它们已经超过了 BIS2 的持有周期。这一点可以在 β 的计算中予以考虑：

$$\beta = \frac{\text{一年内实际收回的损失额}}{\text{可能收回的损失额}}$$

对于超过一年的支付确认，可通过用一个平均延期对回收进行折扣，来考虑延期支付的影响。

考虑对同一风险类型有多个保单的一般情形。① 假设对由多个保单保险的某一风险类型，单一损失事件的扣除额和限额以及总的扣除额和限额为 $(d_h, m_h, D_h, M_h, h = 1,\cdots,H)$，已知概率为 $(p_h, h = 1,\cdots, H,$ 且 $p_1 + \cdots + p_H \leq 1)$，而且已知平均回收率为 $(\beta_h, h = 1,\cdots,H)$，那么没有保险的概率为：

---

① 此时，我们将 P 视为损失额的一个常函数。

$$p_{无保险} = 1 - (p_1 + \cdots + p_H) \qquad (3.98)$$

假设由每个保险合约所承保的损失的发生次数服从一个多变量分布。由保单 $1,2,\cdots,H$ 承保的损失的发生次数 $\tilde{n}_1,\tilde{n}_2,\cdots,\tilde{n}_H$ 的概率为：

$$P(\tilde{N}_1 = \tilde{n}_1, \cdots, \tilde{N}_H = \tilde{n}_H)$$
$$= \frac{n!}{\tilde{n}_1! \cdots \tilde{n}_H! \cdot (n - \tilde{n}_1 - \cdots - \tilde{n}_H)!} \cdot p_1^{\tilde{n}_1} \cdots p_H^{\tilde{n}_H} \cdot p_{无保险}^{n-\tilde{n}_1-\cdots-\tilde{n}_H}$$

其中，n 为模拟的一年中损失发生的次数。

在从频率分布中抽取损失的发生次数 $n_j(j=1,\cdots,J)$ 时，被保险损失的次数 $\tilde{n}_{1j},\cdots,\tilde{n}_{Hj}$ 将从一个多变量分布中进行模拟。蒙特卡洛模拟的每次运行（$j=1,\cdots,J$），要从程度分布中抽取 $\tilde{n}_{hj}$（$h=1,\cdots,H$）个损失，并应用保险条件 d_h、m_h、D_h、$M_h(h=1,\cdots,H)$。回收要通过因子 $\beta_h(h=1,\cdots,H)$ 折扣后，进行求和，最终获得净年损失。

3.8.3 对手风险

我们将对手风险定义为：保险公司违约或发生严重的流动性约束，使其无法履行支付义务的可能性。对手风险可以根据对手评级的违约概率（Probability of default，缩写为 pd，$0 \leqslant pd \leqslant 1$）和违约损失收回率（recovered loss given default，缩写为 rlgd，$0 \leqslant rlgd \leqslant 1$）来建模。只有当保险公司没有发生违约时，才可获得全额保险追偿金。如果运用蒙特卡洛模拟产生 J 个年损失，那么只有 $(1-pd)J$ 年才可获得全额保险追偿金。在剩余的 $(pd \cdot J)$ 年，则需用因子 rlgd 对保险追偿金进行折扣，故年损失①的收回额为：

$$R_{d,m,D,M}(S_j) = \begin{cases} r\lg d \cdot \beta \cdot \alpha \cdot \min(\max(\sum_{i=1}^{n_j} R_{d,m}(x_{ij}) - D, 0), M), j \in YD \\ \beta \cdot \alpha \cdot \min(\max(\sum_{i=1}^{n_j} R_{d,m}(x_{ij}) - D, 0), M), j \in YND \end{cases}$$

(3.99)

$$j = 1, \cdots, J \tag{3.100}$$

其中：

- YD 为模拟的保险人违约年份的集合（$\#YD = pd \cdot J$）。②
- YND 为模拟的保险人无违约年份的集合（$\#YND = (1-pd) \cdot J$）。

这是一个保守的方法，因为违约在全年的任何时间都可发生，并且即使在违约情况下，也有一定比例的损失可获得全额收回。

3.8.4 保险的应用

现将上述方法应用于外部欺诈损失。这个风险类型通常是通过标准保单的抢劫部分来避险的（如第 4 章的银行综合保证保险保单）。我们运用 LDA 模型来完成外部欺诈资本金的估计：假设损失程度服从一个参数为 9 和 2（损失对数的均值和方差）的对数正态分

---

① 年损失的平均收回值，即 $\frac{1}{J}\sum_{j=1}^{J} R_d, m, D, m(S_j)$，可作为与保险合约相关的、纯理论保险费的一个估计。
② 函数 $f(x) = [x]$ 表示 x 的整数部分。

布,频率服从一个参数为 200(一年中发生损失的平均次数)的泊松分布。假设将这些参数运用于一个总收入为 20 亿~40 亿欧元的一般国内银行。运用蒙特卡洛模拟来获得年损失分布。我们假设保险避险项目有:

- 单笔损失的免赔额 $d = 1\,000\,000$ 欧元。
- 单笔损失的保险限额 $m = 15\,000\,000$ 欧元。
- 年损失无免赔额 $D = 0$ 欧元。
- 年损失的保险限额 $M = 30\,000\,000$ 欧元。

假设一个损失被保险的概率为 80%,平均收回率为 73%,给定违约时收回的损失为 0% 时,违约概率应为 0.1%。表 3.2 记录了在下述 3 种情况下的预期损失和意外损失:

1. 没有保险。
2. 对追偿无随机效应的保险($p = 100\%, \beta = 100\%, pd = 0\%,$ $rlgd = 0\%$)。
3. 对追偿有随机效应的保险($p = 80\%, \beta = 73\%, pd = 0.1\%,$ $rlgd = 0\%$)。

从表 3.2 中可以看出,对追偿的随机效应也会对操作风险量度产生相关的影响。有随机效应的追偿额比无随机效应的追偿额的一半略多,因此对预期损失和意外损失产生了显著的影响。我们注意到,在无随机效应的情况下,保险对资本金的抵消超出了 20%,但外部欺诈样本仅是一个子集,且抵消的最大值应该在总的风险资本金的基础上予以考虑。

表3.2　不同情况下的预期损失和意外损失　　　　　（单位:千欧元)

	无保险	保险 $p=100\%$; $\beta=100\%$; $pd=0\%$; $rlgd=0\%$	保险 $p=80\%$; $\beta=73\%$; $pd=0.1\%$; $rlgd=0\%$
预期损失	11.975	9.692	10.638
意外损失	56.622	40.578	47.230

3.9　对风险指标的调整

对每个风险类型,在实际损失数据和情景生成的损失数据基础上计算的风险资本(表示为 $OpVaR^{LDA}$),也应该考虑业务环境和内部控制因素,从而增加一个前瞻性的效果。这一点我们是通过运用操作风险指标——关键操作风险指标(key operational risk indicator,缩写为 KoRI)调节风险资本来实现的。

$$OpVaR = OpVaR^{LDA} \cdot C^{KoRI} \quad (3.101)$$

因为我们的操作风险指标反映操作风险暴露的数据,同时,一个指标值应该与风险水平的变化相关,我们认为,运用指标监控操作风险可为我们提供早期的风险预警信号。

每个指标与一个特定的流程相关联,而且我们依赖于一个广泛的关键操作风险指标数据库。必须强调的是,在资本计算中,我们并不是要考虑所有的指标,而是要确定一个包含重要指标的清单。

在我们的模型中,风险指标 i 的调整系数为上一年度水平与观察期内所有年度的平均值之比：

$$C_i^{\text{KoRI}} = \frac{KoRI_i^t}{\overline{KoRI}_i^{t-1,t-2,\cdots,1}} \qquad (3.102)$$

其中：

- C_i^{KoRI} 为对指标 i 的调整系数。
- $KoRI_i^t$ 为上一年度第 i 个指标的值。
- $\overline{KoRI}_i^{t-1,t-2,\cdots,1}$ 为在整个观察期内第 i 个指标的年平均值。

在计算一个调整系数之前，应该先对风险指标进行调整，使其具有可比性。如果已定义了一个阈值，那么就可计算指标值与该阈值间的比。

考虑到风险指标的月度值或季度值是可获得的，因此风险指标的年度值是实际年度的数据的平均值，即对月度风险指标而言，年度值是 12 个月度值的平均值，而对季度风险指标而言，年度值是 4 个季度值的平均值。

在 C_i^{KoRI} 的计算中，分母 $\overline{KoRI}_i^{t-1,t-2,\cdots,1}$ 是在观察期内所有年度值的平均值。因为常常缺少数据，所以计算 $\overline{KoRI}_i^{t-1,t-2,\cdots,1}$ 的一个方法就是计算所有观察值的平均值。如果可获得的指标是月度指标，则 $\overline{KoRI}_i^{t-1,t-2,\cdots,1}$ 为所有月度值的平均值，如果可获得的指标是季度指标，则 $\overline{KoRI}_i^{t-1,t-2,\cdots,1}$ 为所有季度值的平均值。

操作风险管理者可根据指标对早期风险预警的相关性选择一个适当的指标集合。

总风险指标系数为每个指标 i 的系数的平均值：

$$C^{\text{KoRI}} = \frac{1}{n}\sum_{i=1}^{n} C_i^{\text{KoRI}} \qquad (3.103)$$

其中：

- n 为选择的风险指标的数量。
- C_i^{KoRI} 为指标 i 的调整系数。
- C^{KoRI} 为总风险指标调整系数。

为了使总系数 C^{KoRI} 的变化有界，比如变化为 5%（即 95% ≤ C^{KoRI} ≤ 105%），我们决定为总系数设定一个上限。如果我们得到的 C^{KoRI} 值高于 105%，则将其设定为 105%，如果我们得到的 C^{KoRI} 值低于 95%，则将其设定为 95%。

结合损失数据和风险指标，风险类型的年损失分布可通过在每个模拟的年损失基础上乘以 C^{KoRI} 来获得：

$$|C^{\text{KoRI}} \cdot S_1, C^{\text{KoRI}} \cdot S_2, \cdots, C^{\text{KoRI}} \cdot S_J| \qquad (3.104)$$

3.10 操作风险类型的加总

操作风险在险价值（OpVaR）可计算为各个单一风险类型的风险价值之和。如果我们有 H 个操作风险类型，我们界定：

$$OpVaR(S_h), h = 1, \cdots, H \qquad (3.105)$$

为与风险类型 h 相关的、基于损失分布 S_h 计算的、置信水平为 99.9% 的风险价值,那么:

$$OpVaR(S) = \sum_{h=1}^{H} OpVaR(S_h) \qquad (3.106)$$

我们假设 $S_h(h = 1,2,\cdots,H)$ 是完全相关和共单调的。[①]

这个假设可能太保守,我们希望了解风险类型间真实的相关结构。风险价值并不总是次可加的,[②] 即下述不等式可能会逆转(见参考文献 17):

$$VaR_{99.9\%}(S) = VaR_{99.9\%}\left(\sum_{h=1}^{H} S_h\right) \leq \sum_{h=1}^{H} VaR_{99.9\%}(S_h) \qquad (3.107)$$

如果随机变量 $S_h(h = 1,\cdots,H)$ 间有特殊的相关性,或者它们的基本分布函数是倾斜的或厚尾的,此时上述不等式就会发生逆转。

为了反映分散化效应,考虑基于 Copula 函数[③]的方法是有意义的(见第 3.10.1 节),如高斯 Copula、学生 t Copula(见第 3.10.2 节)、阿基米德 Copula(见第 3.10.3 节)等。

当风险类型间存在相关结构时,运用 Copula 函数的蒙特卡洛方法可用于确定总的风险估计。假设每个单一风险类型的年损失分布函数为 $F_{S(h)}(h = 1,\cdots,H)$,那么总的年损失的分布函数可通过多次(至少 $J = 10^6$)重复下述 3 个步骤来获得:

---

① 如果存在增函数 $f_1, \cdots, f_H$ 和随机变量 X,使得 $S_h = f_h(X)$, $h = 1, \cdots, H$,则 S_h $(h=1, \cdots, H)$ 是共单调的。
② 次可加性意味着对个体风险的加总没有增加总的风险。
③ 完全相关的情形相当于运用弗雷歇上界 Copula C^+。

1. 从一个确定的 Copula 函数 C 中模拟出一组多元随机向量 $\bar{u} = (u_1, \cdots, u_H)$ 的实现值，$\bar{u} = (u_1, \cdots, u_H)$ 的边际分布为 $[0,1]$ 上的均匀分布。

2. 对每个均匀分布的实现值（在上一步总模拟产生的），计算累积分布函数 $F_{S(h)}$ 的逆函数 $F_{S(h)}(S_j(h) = F_{S(h)}^{-1}(u_h))$，我们就可获得每个风险类型的一个损失情景 $S_j(h), h = 1, \cdots, H$。

3. 计算损失 $S_j(h)$ 关于每个 $h = 1, \cdots, H$ 的和，即可获得总的损失情景 S_j：

$$S_j = \sum_{h=1}^{H} S_j(h) \quad (3.108)$$

这样就获得了机构总损失的模拟经验分布函数。总的风险价值就计算为 99.9% 的分位点。为了获得总风险资本，必须从风险价值中扣除预期损失：

$$OpVaR = VaR - EL$$

如果在观察期内有足够的可获得的准备金来预防预期损失，那么预期损失值一定是风险价值中扣减部分的上限。因此，可获得的准备金定义为：

$$EL_{av} = \sum_{\text{观察期内}} 准备金 \quad (3.109)$$

考虑到准备金还没有被用于补偿实现的损失，这个信息应该可从操作风险数据库中获得。

最后，在考虑可获得准备金的基础上，计算的总风险资本定义为：

$$OpVaR^{\text{LDA}} = VaR - \min(EL, EL_{\text{av}}) \quad (3.110)$$

下面我们将讨论 Copula 函数理论。

3.10.1 Copula 函数

Copula 为均匀分布函数，它能够从一组随机变量的联合分布函数中提取出相关结构，同时，将相关结构和单变量的边缘行为区分开来。

定义 $X = (X_1, \cdots, X_n)$ 为随机向量，[①] 边缘分布函数为 $F_1, \cdots, F_n$；多元分布函数：

$$F(x_1, \cdots, x_n) = \mathbb{P}(X_1 \leqslant x_1, \cdots, X_n \leqslant x_n) \quad (3.111)$$

完全定义了随机变量 $X_1, \cdots, X_n$ 的相关结构。这个解析函数在实际中可能无法估计。

对多元分布函数的估计而言，运用 Copula 函数是一个有用的方法。我们可以分两部分进行分析：

1. 定义边缘分布函数 $F_1, \cdots, F_n$，用它们来表示每个风险类型的分布。

2. 通过确定一个正确的 Copula 函数来定义随机变量 $X_1, \cdots, X_n$ 的相关结构。

[①] 在文中的情况下，X 的元素表示 n 个风险类型。

定义 Copula 函数

一个 n 维 Copula[①] 是一个多变量分布函数 C，其边缘分布函数为 $[0,1]$ ($U(0,1)$) 上的均匀分布函数，使得：

1. $C:[0,1]^n \to [0,1]$。
2. C 的边缘分布函数满足：

$$C_i(u) = C(1,\cdots,1,u,1,\cdots,1) = u, \; \forall u \in [0,1] \quad (3.112)$$

因此，如果 $F_1,\cdots,F_n$ 为单变量分布函数，那么 $C(F_1(x_1),\cdots,F_n(x_n))$ 就是边缘分布函数为 $F_1,\cdots,F_n$ 的一个多变量分布函数，因为 $U_i = F_i(X_i), i=1,\cdots,n$ 是一个均匀分布的随机变量。因而，如果确定了边缘分布函数，那么 Copula 函数可用于估计和模拟多变量分布。

在对基本随机变量进行严格递增的变换时，Copula 是不变的。因为单变量分布是均匀连续的，因此它们的导数几乎无处不在。

在讨论 Copula 函数时，下述定理是至关重要的，因为它被用于所有的实际应用中。

Sklar 定理

令 F 为有连续边缘分布函数 $F_1,\cdots,F_n$ 的一个 n 维分布函数，那么通过 Copula 函数，存在一个唯一的表达式：

[①] 最初由 Sklar 提出（见参考文献 18）。

$$F(x_1,\cdots,x_n) = C(F_1(x_1),\cdots,F_n(x_n)) \qquad (3.113)$$

根据 Sklar 定理，可以发现，对多变量连续分布函数，单变量的边缘分布和多变量相关结构是可以分开的。相关结构可表示为一个适当的 Copula 函数。根据 Sklar 定理，可推导出下述推论：

令 F 为有连续边缘分布函数 $F_1,\cdots,F_n$ 和 Copula C〔满足式 (3.113)〕的一个 n 维分布函数，那么：

$$C(u_1,\cdots,u_n) = F(F_1^{-1}(u_1),\cdots,F_n^{-1}(u_n))$$
$$\forall u = (u_1,\cdots,u_n) \in [0,1]^n \qquad (3.114)$$

其中，F_i^{-1} 为 F_i 的逆函数。

3.10.2 椭圆 Copula

椭圆 Copula 是与椭圆分布相关的 Copula。椭圆 Copula 便于模拟，而且这些 Copula 的秩相关系数和尾部相关系数也易于计算，但它们没有闭式表达式，而且限于径向对称性。椭圆 Copula 的实例为高斯 Copula 和学生 t Copula。

高斯 Copula

高斯 Copula（或正态 Copula）为多变量正态分布的 Copula。如果随机向量 $X = (X_1,\cdots,X_n)$ 由一组独立的变量组成，且各变量服从正态分布，那么：

1. 单变量的边缘分布函数 $F_1,\cdots,F_n$ 为高斯函数。

2. 边际分布间的相关结构由一个唯一的 Copula 函数 C_R^{Ga}（高斯 Copula）来描述，使得：①

$$C_R^{Ga} = \Phi_R(\varphi^{-1}(u_1), \cdots, \varphi^{-1}(u_n)) \tag{3.115}$$

其中：

- Φ_R 表示相关系数矩阵为 $R = \{\rho_{i,j}\}$ 的多变量标准正态分布函数。
- φ^{-1} 为高斯标准单变量分布函数的逆函数。

高斯 Copula 的参数可根据下述变换式，从 Kendall 相关系数（见第 3.10.4 节）中予以估计，变换式为：

$$\rho = \sin(\frac{\pi}{2}\rho_\tau) \tag{3.116}$$

其中，ρ_τ 为 Kendall 秩相关系数，ρ 为高斯 Copula 中使用的相关系数。获得的矩阵是一个成对对称的相关系数估计，其主对角线元素为 1，非对角线元素位于 [-1,1] 中，且该矩阵可能不是半正定的。为了确保矩阵是半正定的，运用了一个基于特征值方法的转换（见参考文献 19）。

为了模拟出高斯 Copula 的随机变量，需要执行下述过程。如果矩阵 R 是正定的，那么存在一个 $n \times n$ 维矩阵 A，使得 $R = AA^T$。再假

---

① 这很容易从式（3.113）中推导出来。

设随机变量 $Z_1, \cdots, Z_n$ 为独立的标准正态变量，已知向量 $\mu \in \mathbb{R}^n$，则随机向量 $\mu + AZ$（$Z = (Z_1, \cdots, Z_n)^T$）是多元正态的，且其均值为 μ，协方差矩阵为 R。矩阵 A 可通过矩阵 R 的 Cholesky 分解来确定。分解结果是一个唯一的下三角矩阵 A，使得 $AA^T = R$。这样随机变量就可从 n 维高斯 Copula 中生成，过程如下：

- 定义矩阵 R 的 Cholesky 分解 A。
- 模拟 n 个独立的标准正态随机变量 $z_1, \cdots, z_n$。
- 计算 $x = Az$。
- 确定 $u_i = \varphi(x_i)$，$i = 1, \cdots, n$。
- 向量 $(u_1, \cdots, u_n)^T$ 即为 n 维高斯 Copula C_R^{Ga} 的一组实现值。

学生 t Copula

学生 t Copula（或 t-Copula）是 t 分布的 Copula，它不同于高斯 Copula，可以更好地反映尾部相关性，因此可能更适合于描述操作风险数据。当自由度太大时，t-Copula 的行为与高斯 Copula 相差无几。

令向量 $X = (X_1, \cdots, X_n)$ 服从自由度为 ν 的多变量 t 分布，那么向量 X 的 Copula 可表示为：

$$C_{\nu,R}^t(u_1, \cdots, u_n) = t_{\nu,R}^n(t_\nu^{-1}(u_1), \cdots, t_\nu^{-1}(u_n)) \qquad (3.117)$$

其中，$t_{\nu,R}^n$ 表示随机向量 $\sqrt{\nu}Y/\sqrt{S}$ 的多变量概率分布函数，随机变量 $S \sim \chi_\nu^2$ 和随机向量 Y 相互独立，t_ν 为 $t_{\nu,R}^n$ 的边缘分布。

t-Copula 的相关系数矩阵 R 的估计与高斯 Copula 一样，而自由

度参数 ν 则需用极大似然估计过程来进行估计。① 从 t-Copula 中模拟随机变量的过程如下：

- 定义矩阵 R 的 Cholesky 分解 A。
- 模拟 n 个独立的标准正态随机变量 $z_1,\cdots,z_n$。
- 模拟一个自由度为 ν 的卡方分布随机变量 s，且独立于 $z_1,\cdots,z_n$。
- 计算向量 $y = Az$。
- 令 $x = \dfrac{\sqrt{\nu}}{s} y$。
- 确定 $u_i = t_\nu(x_i)$, $i = 1,\cdots,n$。
- 向量 $(u_1,\cdots,u_n)^T$ 即为 n 维 t-Copula $C^t_{\nu,R}$ 的一组实现值。

3.10.3 阿基米德 Copula

阿基米德 Copula 通常用于描述极端数据间较强的相关性。阿基米德 Copula 易于构造，且有简单的闭式表达式。

一个两维的阿基米德 Copula 可写作：

$$C_\alpha(u,v) = \varphi_\alpha^{-1}(\varphi_\alpha(u) + \varphi_\alpha(v)), \ \forall (u,v) \in [0,1]^2$$

(3.118)

其中，$0 \leqslant (u,v) \leqslant 1$，$\varphi_\alpha$ 为相关参数为 α 的 Copula 生成函数，且满足：

- $\varphi_\alpha(1) = 0$。

---

① 另一种方法是运用极大似然估计方法同时估计参数 R 和 ν。

- 对所有的 $t \in [0,1]$，$\varphi_\alpha'(t) < 0$，也就是说，φ_α 是递减的。
- 对所有的 $t \in [0,1]$，$\varphi_\alpha''(t) \geqslant 0$，也就是说，$\varphi_\alpha$ 是凸的。

由于生成函数确定唯一一个阿基米德 Copula，不同的生成函数会产生多个 Copula 族，且有不同的相关性参数数量和范围。

这些相关性参数与相关性量度相联系，如 Kendall 的 τ 和 Spearman 的 ρ。对阿基米德 Copula 而言，Kendall τ 可直接从生成函数中予以估计：

$$\tau = 1 + 4\int_0^1 \frac{\varphi_\alpha(t)}{\varphi_\alpha'(t)} dt \tag{3.119}$$

为了构造 α 的估值，常用的实践方法是将估计过程建立在 Kendall 的 τ 观察值的基础上。①

对所有 $0 \leqslant (u_1,\cdots,u_n) \leqslant 1$，多变量阿基米德 Copula 定义如下：

$$C_\alpha(u_1,\cdots,u_n) = \varphi_\alpha^{-1}(\varphi_\alpha(u_1) + \cdots + \varphi_\alpha(u_n)), \forall (u_1,\cdots,u_n) \in [0,1]^n \tag{3.120}$$

其中，φ_α 为满足上述条件的 Copula 生成函数。

阿基米德 Copula 似乎对双变量收益分布的拟合较好，但在高维情况下则非常有限，因为要求用一个参数来描述随机变量间所有的相关性，这意味着变量间相关性具有可交换性，从而导致变量间有等相关的秩。

---

① 估计 α 的另一种方法是极大似然估计过程。

Gumbel Copula

尽管阿基米德 Copula 函数有多个参数族（如 Clayton、Frank、Gumbel），但我们主要关注 Gumbel-Hougaard Copula。Gumbel-Hougaard Copula 由 Gumbel 提出，此后 Hougaard 做了进一步研究（见参考文献 20 和 21），它将上尾相关性和非负的相关性结合了在一起。

生成函数 $\varphi_\alpha(u) = (-\ln(u))^\alpha$，其中 $\alpha \geq 1$，其逆函数表示为：

$$\varphi_\alpha^{-1}(t) = \exp(-\ln(t^{\frac{1}{\alpha}})) \tag{3.121}$$

那么双变量情形下的 Gumbel Copula 可表示为：

$$C_\alpha^{Gu}(u,v) = \exp\{-[(-\ln u)^\alpha + (-\ln v)^\alpha]^{\frac{1}{\alpha}}\} \tag{3.122}$$

其中，$\alpha \in [1, +\infty)$ 定义了变量间的相关程度，$\alpha = 1$ 意味着变量是相互独立的，随着 $\alpha \to +\infty$，变量间逐渐趋于完全相关。

α 可通过一个非参数方法从 Kendall 的 τ 观察值中进行估计，对于 Gumbel Copula，α 估计有一个简单的闭式表达式：

$$\alpha = \frac{1}{1-\tau} \tag{3.123}$$

Gumbel Copula 的多变量推广定义为：

$$C_\alpha^{Gu}(u_1,\cdots,u_n) = \exp\left\{-\left[\sum_{j=1}^n (-\ln u_j)^\alpha\right]^{\frac{1}{\alpha}}\right\} \tag{3.124}$$

我们将不同风险类型间所有成对相关性数据的平均值作为 Kendall 的秩相关性，以此来估计 Gumbel Copula 的参数。

第3章 损失分布方法

由于 Gumbel Copula 表现出了很强的尾部相关性，而且它直接与极值理论的多变量推广相联系，它是一个与建模相关的 Copula 函数。

模拟 Gumbel Copula 随机变量的步骤如下：

由于生成函数 φ 的逆函数相当于 $X \sim St(\frac{1}{\alpha},1,\gamma,0)$ 分布中一个正稳定变量的拉普拉斯变换，其中：

$$\gamma = \left(\cos(\frac{\pi}{2\alpha})\right)^{\alpha}, \alpha > 1 \tag{3.125}$$

因此我们可以：

- 模拟一个正的稳定变量 $X \sim St(\frac{1}{\alpha},1,\gamma,0)$。
- 模拟 n 个独立的标准均匀分布变量 $V_1,\cdots,V_n$。
- 界定：

$$U = \left(\exp\left(-\left(-\frac{\ln V_1}{X}\right)^{\frac{1}{\alpha}}\right),\cdots,\exp\left(-\left(-\frac{\ln V_n}{X}\right)^{\frac{1}{\alpha}}\right)\right) \tag{3.126}$$

因为正稳定分布并不像其他分布那样为大家所熟知，所以模拟一个稳定的随机变量 $X \sim St(\frac{1}{\alpha},1,\gamma,0)$ 的算法需要：

- 模拟一个均匀分布变量 $\theta \sim U(-\frac{\pi}{2},\frac{\pi}{2})$。
- 模拟一个均值为 1 的指数分布随机变量 W，且独立于 θ。
- 令 $\theta_0 = \arctan(\beta\tan(\frac{\pi\alpha}{2}))/\alpha$。

- 计算 $Z \sim St(\alpha,\beta,1,0)$：

$$Z = \frac{\sin\alpha(\theta_0 + \theta)}{(\cos\alpha\theta_0\cos\theta)^{1/\alpha}}\left[\frac{\cos(\alpha\theta_0 + (\alpha-1)\theta)}{W}\right]^{(1-\alpha)/\alpha}, \alpha \neq 1$$

$$Z = \frac{2}{\pi}\left[(\frac{\pi}{2}+\beta\theta)\tan\theta - \beta\ln(\frac{\frac{\pi}{2}W\cos\theta}{\frac{\pi}{2}+\beta\theta})\right], \alpha = 1$$

- 计算 $X \sim St(\alpha,\beta,\gamma,\delta)$：

$$X = \gamma Z + \delta, \alpha \neq 1$$

$$X = \gamma Z + \delta + \beta\frac{2}{\pi}\gamma\ln(\gamma), \alpha = 1$$

3.10.4 Copula 的选择

大量的文章已经表明，t-Copula 的实证拟合一般要优于高斯 Copula，即多元正态分布的相关结构。与高斯 Copula 相比，Gumbel Copula 和 t-Copula 能够为尾部相关性建模。但是，Gumbel Copula 在多变量推广中很有限，因为它只使用一个参数来描述所有风险类型间的整个相关结构。因此，t-Copula 被认为是为操作风险数据相关结构建模的一个较好的选择。

最佳 Copula 的选择也可通过使理论 Copula 与经验 Copula 的距离最小化或使似然函数值最大化来进行（见参考文献 22 和 23）。

3.10.5 相关系数

高斯 Copula 和 t-Copula 通过相关系数矩阵实现参数化，此外，t-Copula 还要求估计自由度参数。

目前有各种相关性量度，如 Pearson 线性相关系数、Kendall 秩相关系数和 Spearman 秩相关系数。

Pearson 线性相关系数

令 X 和 Y 是两个有限方差的、非零的实数随机变量,那么 Pearson 线性相关系数定义为:

$$\rho(X,Y) = \frac{\mathrm{Cov}(X,Y)}{\sqrt{\mathrm{Var}(X)\cdot\mathrm{Var}(Y)}} \qquad (3.127)$$

其中,$\mathrm{Cov}(X,Y) = E(XY) - E(X)E(Y)$。

这是一个线性相关性的量度,如果 X 和 Y 是独立的随机变量,那么 $\rho(X,Y)=0$,因为 $\mathrm{Cov}(X,Y)=0$;如果 X 和 Y 是完全线性相关的,即 $Y = aX + b$ 几乎处处成立,且 $a \neq 0$,那么 $\rho(X,Y) = \mathrm{sgn}(a)$。在不完全线性相关的情况下,$-1 < \rho < 1$。线性相关系数满足线性特性,即当 $a,c \neq 0$ 时,有:

$$\rho(aX + b, cY + d) = \mathrm{sgn}(a\cdot c)\rho(X,Y) \qquad (3.128)$$

也就是说,在严格递增的线性变换下,相关性是不变的。

因此对于 $X = (X_1,\cdots,X_n)$ 和 $Y = (Y_1,\cdots,Y_n)$,所有的成对相关系数可由一个对称的、半正定的 $n \times n$ 维矩阵 R 来表示,其元素为:

$$R_{ij} = \rho(X_i, Y_j), 1 \leq i,j \leq n \qquad (3.129)$$

Spearman 秩相关系数

令随机变量 X 和 Y 的边际分布函数为 F_1 和 F_2,联合分布函数为

F, Spearman 秩相关系数定义为：

$$\rho_S = \rho(F_1(X), F_2(Y)) \tag{3.130}$$

其中，ρ 为通常的线性相关系数。

Kendall 秩相关系数

令 (X_1, X_2) 为随机向量，(Y_1, Y_2) 为具有同一分布的独立副本，那么 Kendall 秩相关系数定义为：

$$\begin{aligned}\rho_\tau(X_1, Y_2) &= \mathbb{P}((X_1 - X_2)(Y_1 - Y_2) > 0) \\ &\quad - \mathbb{P}((X_1 - X_2)(Y_1 - Y_2) < 0)\end{aligned} \tag{3.131}$$

也就是说，协同的概率减去不协同的概率。

秩相关系数相对于线性相关系数的主要优点在于，单调变换下的不变性和对完全相关性的理性处理；缺点是计算时间，因为秩相关系数不是以矩为基础。

相关系数的估计

应该每年审核数据间相关结构，但如果没有足够的数据来确保稳健的估计，那么相关系数应运用各风险类型的月度损失数据来计算。如果在月度加总水平上，各单一风险类型数据集的观察值之间没有任何相关性，那么可以将同一个观察到的相关结构转换为年度水平的相关结构。为了确认这种转换是否实际可行，可以对每个风险类型的月度加总损失进行自相关分析。在任何情况下，如果损失倾向于在每年同一时间进行核算（即年度中期和年度末期），那么我们相信，按月核算损失的相关性估计是非常保守的。

3.11　操作风险资本的闭式近似

一般而言，通过一个所谓的次指数分布，如韦布尔分布、帕累托分布或广义帕累托分布，来构建操作损失强度模型，意味着数据分布的尾部衰减比指数分布的尾部衰减要慢。

次指数分布的定义属性是，n 个次指数分布随机变量的和的分布尾部，与 n 个变量中最大的变量的分布尾部有相同的数量级。更确切地说是：

$$\lim_{x \to +\infty} \frac{\mathbb{P}(X_1 + \cdots + X_n > x)}{\mathbb{P}(\max(X_1, \cdots, X_n) > x)} = 1, n \geq 2 \quad (3.132)$$

这意味着严重的年损失主要由单笔的大损失决定，而非多个小的独立损失所累积。从分析来看，"真正的"操作风险是引发巨额损失的风险。

这一特征的意义在于，当置信级接近于 1 时，我们可以将在年度总损失分布基础上计算的操作风险资本近似为程度分布的某一个分位点（见参考文献 24）：

$$OpVaR(\alpha) \cong F_X^{-1}\left(1 - \frac{1-\alpha}{\mathbb{E}(n)}\right) \quad (3.133)$$

其中：

- F_X^{-1} 为程度分布的分位点函数。
- α 为操作风险资本计算的置信级,$0 < \alpha < 1$。
- $\mathbb{E}(n)$ 为频率分布的期望值（如果采用泊松分布为频率建模，则 $E(n) = \lambda$）。

如果我们通过程度分布的一个分位点来估计操作风险资本，这个闭式也被称作单一事件近似（one-event approximation）。

如果我们用一个广义帕累托分布来为程度分布建模，我们获得的近似为（见参考文献25）：

$$OpVaR(\alpha) \cong u + \frac{\beta}{\xi}\left[\left(\frac{(1-\omega)\mathbb{E}(n)}{1-\alpha}\right)^{\xi} - 1\right] \quad (3.134)$$

其中:

- u 为主体 – 尾部的阈值。
- ξ 和 β 分别为广义帕累托分布的形状参数和标度参数。
- $\mathbb{E}(n)$ 为频率分布的期望值。
- $1-\omega$ 为程度分布中尾部的权重。

因此，$(1-\omega) \cdot \mathbb{E}(n)$ 为高于阈值 u 的损失的年平均发生次数。如果采用泊松分布来为频率建模，则:

$$(1-\omega) \cdot \mathbb{E}(n) = (1-\omega) \cdot \lambda = \lambda_{尾部} \quad (3.135)$$

因此，有:

$$OpVaR(\alpha) \cong u + \frac{\beta}{\xi}\left[\left(\frac{\lambda_{\text{尾部}}}{1-\alpha}\right)^{\xi} - 1\right] \quad (3.136)$$

我们可以将操作风险资本计算为年损失分布的 99.9% 分位点和预期损失的差。事实上，正如在参考文献 26 中所述的，年损失分布的分位点可近似为：

$$F_S^{-1}(\alpha) \cong F_X^{-1}\left(1 - \frac{1-\alpha}{\mathbb{E}(n)}\right) + (\mathbb{E}(n) - 1) \cdot \mathbb{E}(x) \quad (3.137)$$

其中：

- F_S^{-1} 为年损失分布的分位点函数。
- $\mathbb{E}(n)$ 为频率分布的期望值。
- $\mathbb{E}(x)$ 为程度分布的期望值。

如果 $\mathbb{E}(n) \gg 1$（如果频率分布为泊松分布，意味着参数 $\lambda \gg 1$），那么：

$$(\mathbb{E}(n) - 1) \cdot \mathbb{E}(x) \cong \mathbb{E}(n) \cdot \mathbb{E}(x) = EL \quad (3.138)$$

因此，有：

$$F_S^{-1}(\alpha) \cong F_X^{-1}\left(1 - \frac{1-\alpha}{\mathbb{E}(n)}\right) + EL \quad (3.139)$$

而且得到：

$$OpVaR(\alpha) = F_S^{-1}(\alpha) - EL \cong F_X^{-1}\left(1 - \frac{1-\alpha}{\mathbb{E}(n)}\right) \quad (3.140)$$

根据我们的分析，与蒙特卡洛模拟的结论相比，操作风险资本的这个近似是精确的，尤其是广义帕累托分布用于损失强度模型时。但这个闭式近似仍不能替代蒙特卡洛方法，因为：

- 我们需要每个风险类型的年损失分布，以便通过 Copula 函数来计算总的风险资本。
- 我们不能采用这个方法来量化保险效应。
- 如果预期损失定义为中位数而非均值，或预期损失因可获得的储备而具有边界，那么就会产生有差异的结果。

因为我们需要的不仅仅是每个风险类型的操作风险资本，而且还有年损失分布，所以必须使用蒙特卡洛模拟。在任何情况下，本节中计算的结果是有意义的，因为它使我们能在未进行耗时计算的情况下，对 LDA 模型实施反复检验，而且最重要的是，我们可以明白模型参数和最终的结果相互作用。

3.11.1 最小阈值对风险资本的影响

这个闭式近似有助于我们了解排除低于最小阈值损失的影响。在我们的方法中，程度的估计是以截断左边的损失为条件，而且我们假设频率估计仅考虑大于或等于最小阈值（如 5 000 欧元）的损失。采用蒙特卡洛模拟，损失将从基于最小阈值的程度分布中抽取（见第 3.7.2 节），而且每个模拟的年损失没有考虑计入模拟年度中低于 5 000 欧元的单一损失的和。将该损失金额当作意外损失，应该可忽略其对风险资本产生的影响。这可从理论角度采用闭式近似予

第3章　损失分布方法

以说明。对次指数分布（如对数正态分布、广义帕累托分布）而言，操作风险资本可近似为：

$$OpVaR(\alpha) \cong F_X^{-1}(1 - \frac{1-\alpha}{\mathbb{E}(n)}) \qquad (3.141)$$

证明了这个闭式近似对最小阈值并不敏感。F_X 关于阈值 u 左截断的分布为：

$$F_X^*(x) = \frac{F_X(x) - F_X(u)}{1 - F_X(u)} \qquad (3.142)$$

关于阈值 u 截断的泊松参数为：

$$\lambda^* = \lambda \cdot (1 - F_X(u)) \qquad (3.143)$$

令 F_X^* 为次指数分布，那么闭式近似可表示为：

$$F_X^*(x) \cong 1 - \frac{1-\alpha}{\lambda} \qquad (3.144)$$

因此：

$$OpVaR(u) \cong F_X^{*-1}(1 - \frac{1-\alpha}{\lambda^*})$$

$$= F_X^{-1}((1 - F_X(u))(1 - \frac{1-\alpha}{(1 - F_X(u))\lambda}) + F_X(u))$$

$$= F_X^{-1}(1 - \frac{1-\alpha}{\lambda}) \cong OpVaR$$

3.12 风险资本的置信带

采用 Bootstrap 技术，我们对每个风险类型的操作风险资本确定一个置信带。Bootstrap 技术意味着要对某些程序重复很多次（如 1 万次）：

1. 抽取与损失数据相同规模的一个样本作为替代值。
2. 根据这个样本估计强度和频率的参数。

这样我们就得到强度参数和频率参数的一个经验分布。

然后，多次重复下述步骤：

1. 从各自的分布中抽取程度分布和频率分布的参数。
2. 根据抽取的参数计算风险资本，同时要考虑风险指标的调整。

这样就获得一个风险资本的样本，从而得到风险资本的经验分布函数：

$$[OpVaR_1, OpVaR_2, \cdots, OpVaR_{10\,000}] \quad (3.145)$$

为度量每个操作风险资本，对自助法的每一步重复蒙特卡洛模拟，这将是一个高强度的计算过程。为减少计算时间，可以采用第 3.11 节中描述的闭式近似计算操作风险资本（见参考文献 24 和 25）：

$$OpVaR(\alpha) \cong u + \frac{\beta}{\xi}\left[\left(\frac{\lambda_{尾部}}{1-\alpha}\right)^{\xi} - 1\right] \quad (3.146)$$

其中，$\alpha = 99.9\%$。

计算出风险资本的分布后，我们就可得到一个置信级为 p（$0 < p < 1$，如 90%）的置信带：

$$O\hat{pV}aR(\alpha) \in \left[F_{OpVaR}^{-1}\left(\frac{1-p}{2}\right), F_{OpVaR}^{-1}\left(\frac{1+p}{2}\right)\right] \quad (3.147)$$

其中，F_{OpVaR} 为操作风险资本的经验分布函数。

获得每个风险类型的置信带之后，就可计算总的风险资本的置信带，下界为所有风险类型下界的和，上界为所有风险类型上界的和。

在确定估计精度时，可以用置信带来检验损失数量是否足以计算操作风险资本。比如：

$$\mathbb{P}\left((1-c) \cdot OpVaR \leq O\hat{pV}aR \leq (1+c) \cdot OpVaR\right) < \varepsilon \quad (3.148)$$

其中，$c = 30\%$，$\varepsilon = 90\%$。也就是说，如果在置信带中含有 $((1-c) \cdot OpVaR, (1+c) \cdot OpVaR)$，那么考虑的样本规模是充分的。

3.13 压力测试

根据《巴塞尔协议Ⅱ》高级度量法的监管要求，为保证模型的稳健性和稳定性，应定期对模型进行压力测试。我们分析了当历史数据集中包含单个或一组高额损失时结果的变化。对于各风险类型，可从外部公开数据中选择损失，以考虑发生损失金额最大的操作事件。为确保与内部数据保持一致，从发生日期在观察周期内的事件中选择压力损失。

3.14　最小阈值条件下的损失数据

在计算资本金时，仅当损失金额高于阈值 H 时，我们才使用内部数据，因为我们认为：

- 在不考虑损失金额的前提下，收集所有的操作损失数据并建模，这不现实。
- 低于阈值的损失对资本计算的影响可忽略不计。

比如，如果程度符合对数正态分布，那么其左截断的密度函数为：

$$f_X^*(x,\theta) = f(x,\theta|x \geq H) = \frac{f(x,\theta)}{1-\mathbb{P}(x \leq H)} = \frac{f(x,\theta)}{1-F(H,\theta)}, x \geq H$$

(3.149)

其中：

- $\theta = (\mu,\sigma)$ 为对数正态分布的参数向量。
- H 为最小阈值。

第 3 章 损失分布方法

- $f_X(x,\theta) = f_{\text{LN}}(x;\mu,\sigma) = \dfrac{1}{x\sigma\sqrt{2\pi}}\exp(-\dfrac{(\ln(x)-\mu)^2}{2\sigma^2})$ 为对数正态分布的概率密度函数。

我们假设年损失的频率符合参数为 λ 的泊松分布,λ 的极大似然估计可由年损失频率的经验平均值得到。如果采用最小阈值损失,那么估计可能会有偏差,因而我们采用下面的公式对其进行修正:

$$\hat{\lambda} = \frac{\hat{\lambda}_{\text{样本}}}{\mathbb{P}(x>H)} = \frac{\hat{\lambda}_{\text{样本}}}{1-F_X(H)} \qquad (3.150)$$

其中:

- $\hat{\lambda}$ 为考虑所有正损失时泊松分布参数的估计($x>0$)。
- $\hat{\lambda}_{\text{样本}}$ 为仅考虑大于阈值损失时泊松分布参数的样本估计(损失 $>H$)。
- F_X 为强度的概率分布函数。

已知损失 $x_1,\cdots,x_n$,对数似然函数表示为:

$$l(\theta) = \sum_{i=1}^{n} \ln f^*(x_i,\theta) \qquad (3.151)$$

通过极大化对数似然函数,得到参数估计 $\hat{\theta} = \arg\max_\theta l(\theta)$。

我们确定一个与分布假设一致的阈值 H,并采用下述迭代程序(见参考文献 27):

1. 对 $H \geqslant 0$ 的各个值进行参数估计。
2. 画出下述函数的图形：$H \mapsto \mu(H)$、$H \mapsto \sigma(H)$、$H \mapsto \lambda(H)$。
3. 阈值 $\hat{H}$ 设置为在 $\mu(H)$、$\sigma(H)$ 和 $\lambda(H)$ 近似为常数时的最小值。

根据分布假设，我们用低于 $\hat{H}$ 的阈值计算得到的估计值受到了偏差的影响。

3.15 Algo OpData 的实证应用

OpData 是艾格瑞斯（Algorithmics）软件公司提供的一个有关全球范围内操作风险事件的数据库。截至 2006 年 12 月，该数据库已囊括自 1990 年以来的近 11 000 个事件，主要跟踪操作风险事件，同时也包含边界事件（信用风险/市场风险/战略性风险），并将其归入"其他"类。

OpData 中的事件必须已经结束且结算完毕，即该事件的损失必须是已知的（有限的），而且已就罚款支付、结算或损失减记达成协议。损失影响须达到 100 万美元或以上（或等值的其他货币），同时损失金额可从公开渠道获取。

OpData 数据库的记录每 6 个月更新一次，并且提供查账索引和 CPI 表格。每个记录对应一个操作事件，OpData 的记录分类如表 3.3 所示。

此外，数据库还提供美国的 CPI 数据，以便通过损失金额计算当前值（损失金额为结算日的金额）。

表3.3 OpData 的分类记录

栏目名称	数据类型	内容
OpData 事件 ID	数值	唯一标识符
FIRST 事件 ID	数值	可获得的与 FIRST 情形相联系的交叉参考
BIS 事件类别——第一层	BIS 指标	高层 BIS 指标,如内部欺诈
BIS 事件类别——第二层	BIS 指标	中层 BIS 指标,如偷窃和欺诈
BIS 事件类别——第三层	BIS 指标	底层 BIS 指标,如偷窃/敲诈/挪用/抢劫
组织	OpData 指标	识别法人实体、高层业务实体或政府实体,如花旗集团(Citigroup)
公司名称	OpData 指标	识别组织的一个下属单位,如花旗银行(Citibank)
事件描述	自由文本	损失事件的梗概、日期和相关团体的名称
本币损失金额	数量(百万)	在结算日期记录的以本币计算的损失金额
损失金额(百万美元)	数量(百万)	在结算日期记录的以美元计算的损失金额
当前值(百万美元)	数量(百万)	在结算日期记录的以美元计算的损失金额,并用 CPI 调整因子将其调整为当前日期的价值
结算日期	日期	损失金额披露的日期
行业(部门)SIC	指标	根据标准行业分类(SIC),组织的行业/部门

从银行数据库中取得某些数据,如总资产、总资本、员工、总存款和总收入(这些数据在资本建模中用作调整因子)。

OpData 事件的收集通过标准研究工具进行，如 Factiva 数据库和 LexisNexis 数据库。每个事件要求至少有两个报道来源或一个监管来源。因为要确定准确的损失金额，因此研究者们要对每种情况收集更多的信息。当来源不一致时，则需要更多的研究。在某些情况下，损失金额未公开，则要记录一个损失的估计值，如某一范围内的中间值。

我们将前文描述的 LDA 模型应用于 Algo OpData，并采用下述准则得到计算数据库：

- 只考虑金融公司蒙受的损失。
- 不考虑保险公司蒙受的损失。
- 不包括信用风险类事件。

分析中考虑基于 CPI 的当前损失金额，并将其转换为欧元，然后选择大于或等于 100 万欧元的损失值。这样我们就得到一个假设的内部计算数据库。调整损失，将每个损失都除以 200，则数据库的最小阈值为 5 000 欧元。然后采用 LDA 方法，将 BIS 事件类别的风险归为 1 级。

作为分析的一部分，我们记录的结果包括：

- 描述性统计量。
- 自相关分析。
- 利用参数模型估计的风险资本。
- 利用极值理论模型估计的风险资本。

- 采用 g-h 分布估计的风险资本。
- 采用 Copula 函数获得的总风险资本。

如果假设获得的数据库表示时间跨度为一年的一个时间序列，同时假设这代表了一家大型国际银行。事实上，我们有 122 个超 100 万的损失数据，而一个中等规模的国际银行应该有 50~80 个高于这个阈值的损失。据报道，一家国际银行的平均毛收入大约为 100 亿欧元（见参考文献 3）。因此，我们可以假设，这个分析参照的是一个毛收入约为 200 亿欧元的国际银行。

3.15.1 描述性统计量

表 3.4 记录了每类事件的一系列描述性统计量。

表 3.4 Algo OpData 描述性统计量　　　　　　　　　　（单位：千欧元）

事件类别	数量	均值	标准差	最小值	25%分位点	50%分位点	75%分位点	最大值
内部欺诈	1 037	210	662	5	13	36	127	8 889
外部欺诈	335	101	265	5	9	21	73	2 202
雇佣	138	89	221	5	9	19	64	1 943
代理	1 254	232	839	5	14	39	136	10 754
实物资产	11	1 031	1 625	22	73	254	1 115	5 105
IT 系统	19	147	356	5	10	28	75	1 528
流程管理	235	108	294	5	10	27	82	3 773
合计	3 029	196	688	5	12	33	118	10 754

3.15.2 自相关分析

图 3.8 到图 3.14 显示了每个风险类型的自相关图。

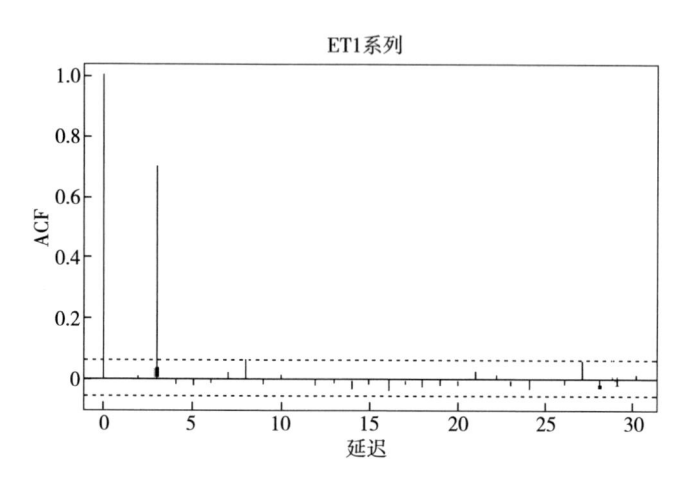

图 3.8 内部欺诈的自相关图

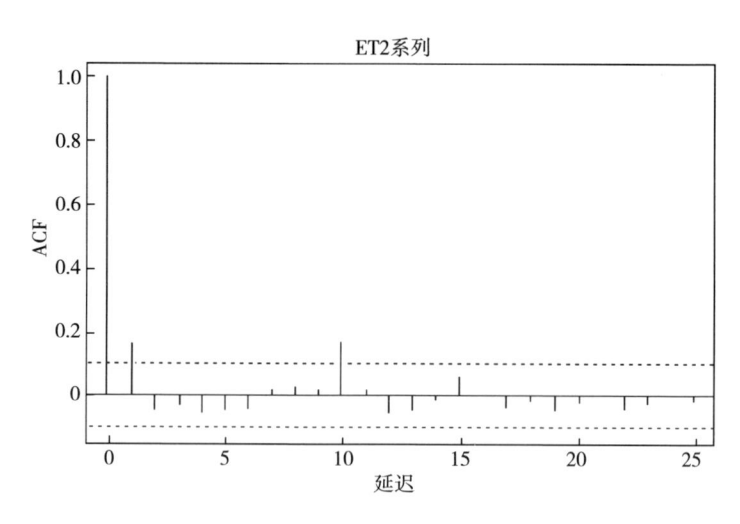

图 3.9 外部欺诈的自相关图

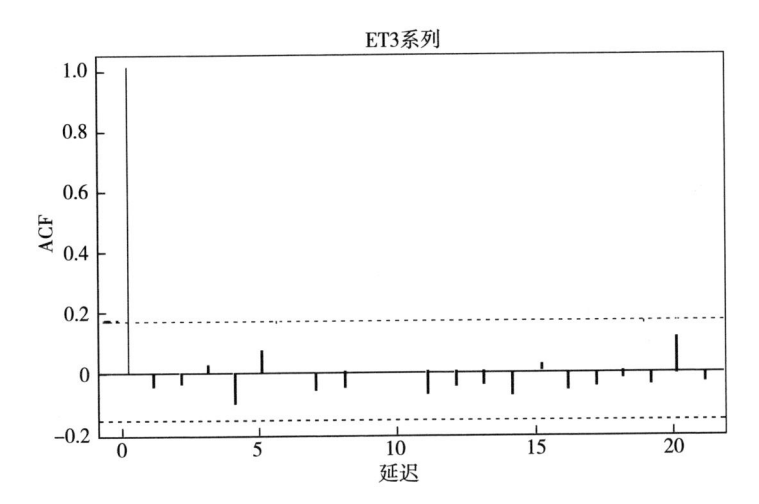

图 3.10 雇佣问题的自相关图

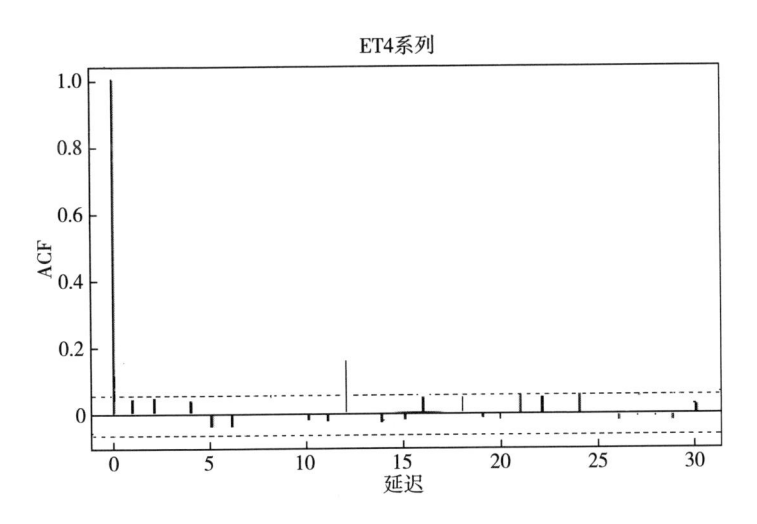

图 3.11 代理的自相关图

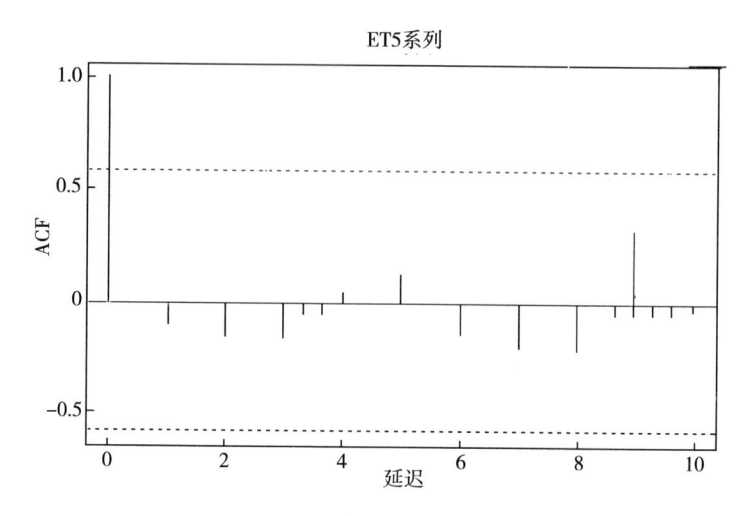

图 3.12　实物资产损失的自相关图

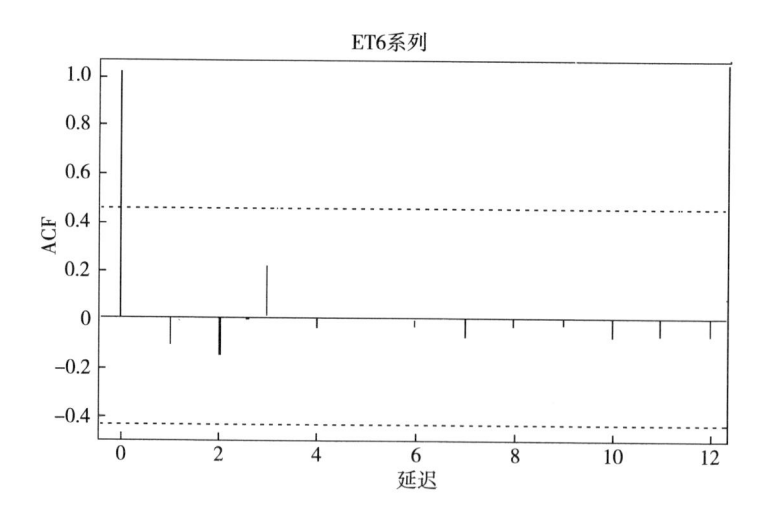

图 3.13　IT 系统损失的自相关图

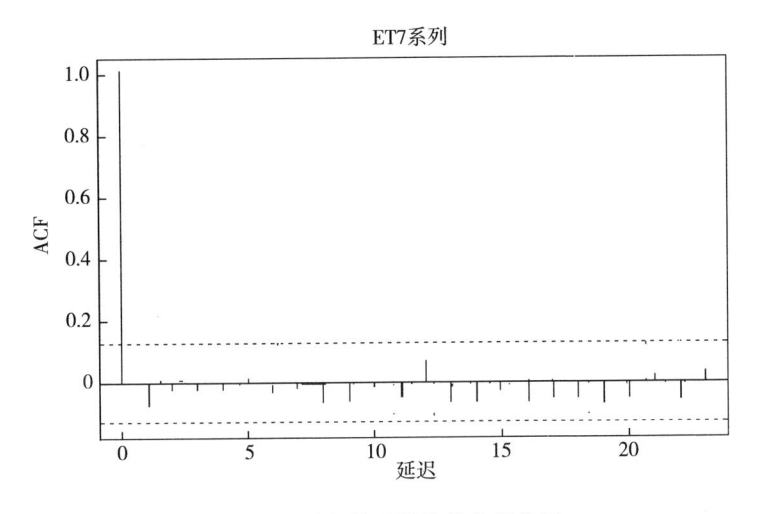

图 3.14 流程管理损失的自相关图

从图中可以看出，只有极少量的自相关估计落在由点线界定的置信区间外，因此我们假设数据中不存在显著的序列相关性。

3.15.3 参数模型的风险资本估计

我们首先利用一个传统的参数模型来估计程度分布，即只用一个分布来描述所有的损失金额。对于每个风险类型，用表 3.1 中所列的概率分布中的一个分布来估计程度。这个最优拟合程序基于第 3.4 节中的分析方法和图示方法，并且按照以千欧元为单位的数据来估计分布的参数。

接下来，我们将展示每个风险类型和每个分布的参数估计、SBC 结果和拟合优度检验结果。同时也绘制了各分布的 q-q 图，以比较 SBC 结果和拟合优度检验结果的优劣。

如表 3.5 所示，我们首先可以排除指数分布和伽马分布，因为与其他分布相比，它们显示了相当高的 SBC 值。然后根据 Kolmogorov-Smirnov 和 Anderson-Darling 检验 p-值，我们可排除帕累托分布和对数 logistic 分布，因为我们不仅要进行量化分析，还要分析图的结果及其合理性，因此我们不愿排除太多的分布。图 3.15 到图 3.18 显示了剩余分布的 q–q 图。

表 3.5 内部欺诈类风险的分布参数和拟合优度统计量

分布	参数 1	参数 2	SBC	KS 统计量	KS p-值	AD 统计量	AD p-值
对数正态	2.65471	2.25344	5781.7	0.01498	0.97131	0.34793	0.47424
指数	0.00487	0.00000	6563.7	0.38193	0.00000	∞	0.00000
帕累托	0.76809	15.35708	5795.8	0.03625	0.12779	2.44385	0.00000
韦布尔	0.27618	6.00644	5780.4	0.01264	0.99571	0.26026	0.71056
伽马	0.00000	2079.58642	5861.0	0.17138	0.00000	69.97951	0.00000
对数 logistic	0.81250	18.68738	5791.0	0.02645	0.45469	1.31942	0.00201

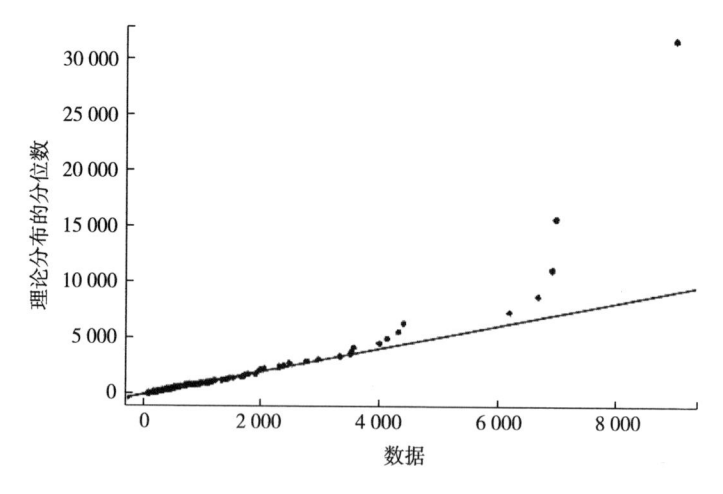

图 3.15 关于内部欺诈的对数正态分布 q-q 图

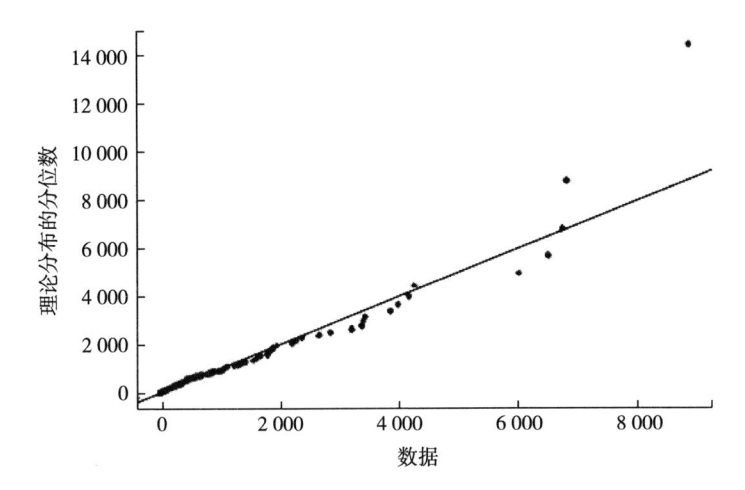

图 3.16　关于内部欺诈的韦布尔分布 q-q 图

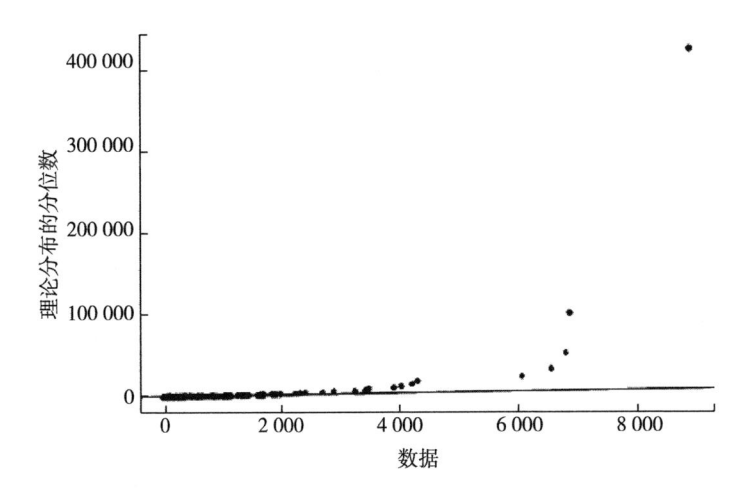

图 3.17　关于内部欺诈的帕累托分布 q-q 图

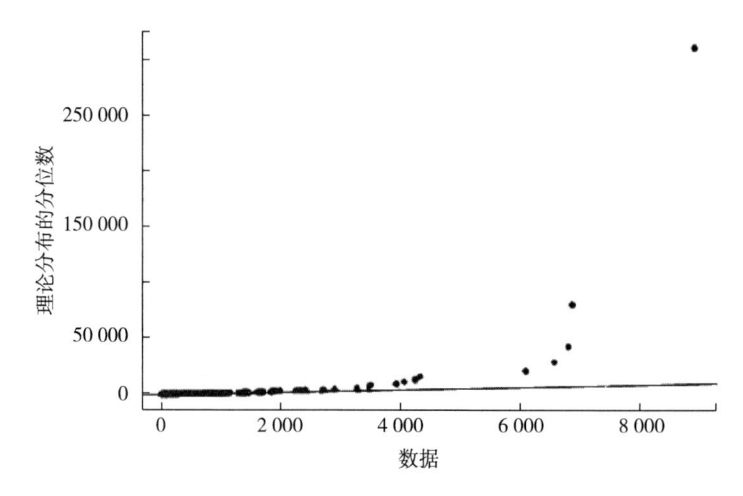

图 3.18 关于内部欺诈的对数 logistic 分布 q-q 图

q-q 图的分析表明，数据拟合最好的分布是韦布尔分布。其余三个分布乍看之下比较相像，但从图中可以看出，对数正态分布提供的最高分位点的高估程度较低。于是经过验证的分布仅剩下韦布尔分布和对数正态分布。

分析表 3.6 中关于外部欺诈的 SBC 值，我们可以排除指数分布和伽马分布。考虑 Anderson-Darling 检验 p- 值，我们可以对外部欺诈风险类型排除帕累托分布。图 3.19 到图 3.21 显示了剩余分布的 q-q 图。

表 3.6 外部欺诈类风险的分布参数和拟合优度统计量

分布	参数1	参数2	SBC	KS 统计量	KS p- 值	AD 统计量	AD p- 值
对数正态	1.20112	2.39470	1652.8	0.03564	0.77433	0.41474	0.33474
指数	0.01046	0.00000	1866.4	0.37892	0.00000	122.52707	0.00000
帕累托	0.81628	7.09135	1656.3	0.04265	0.56123	0.80752	0.03672
韦布尔	0.22638	0.42903	1652.1	0.03269	0.85447	0.35346	0.46432
伽马	0.00000	695.64634	1682.0	0.20629	0.00000	29.40548	0.00000
对数 logistic	0.84148	7.43095	1655.6	0.04041	0.62950	0.64314	0.09344

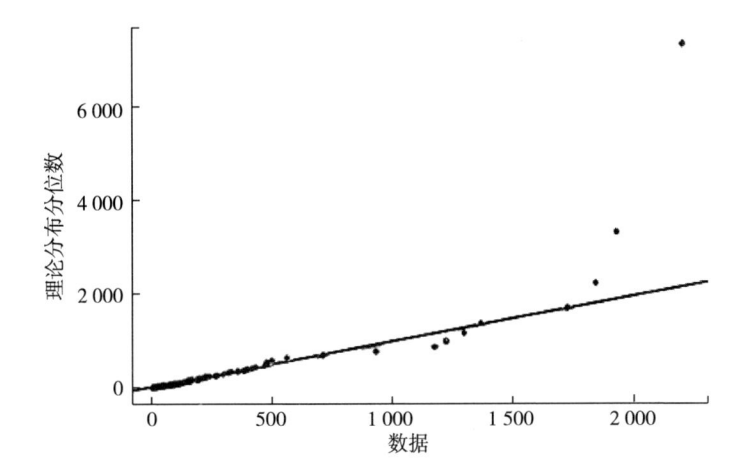

图 3.19 关于外部欺诈的对数正态分布 q-q 图

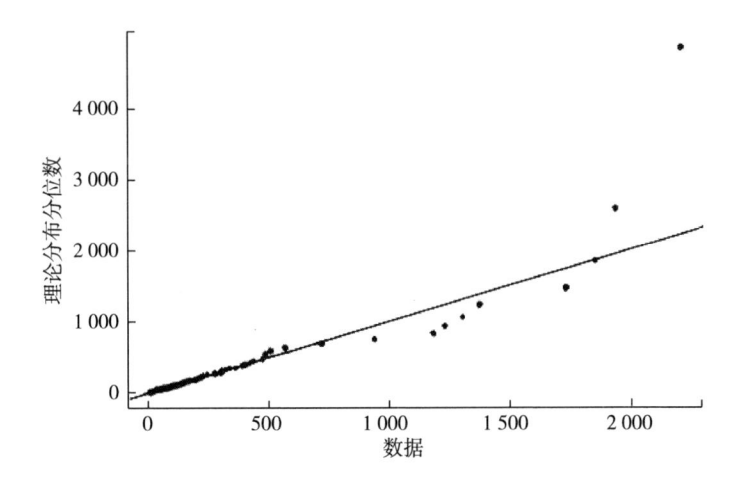

图 3.20 关于外部欺诈的韦布尔分布 q-q 图

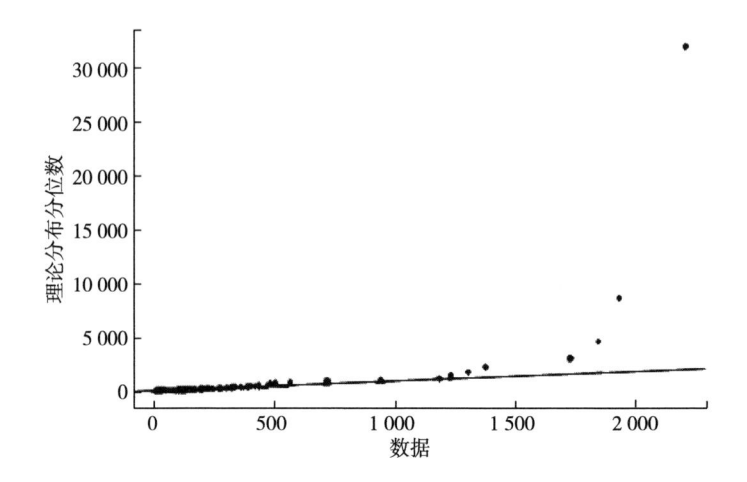

图 3.21　关于外部欺诈的对数 logistic 分布 q-q 图

q-q 图的分析表明,拟合最好的分布是韦布尔分布,它对高分位点提供了比较好的拟合。由于不想过分限制经过验证的分布,我们也可以考虑对数正态分布,因为其相关的结论也是合理的。

表 3.7 中列出了雇佣关系操作风险类型相关信息。结果表明,指数分布和伽马分布应被排除。再看 Anderson – Darling 检验 p- 值,也应排除帕累托分布和对数 logistic 分布,但考虑到 Kolmogorov – Smirnov 检验统计量的结果,在 q-q 图分析中我们仍考虑这两个分布。图 3.22 到图 3.25 显示了剩余分布的 q-q 图。

表 3.7　雇佣类风险的分布参数和拟合优度统计量

分布	参数 1	参数 2	SBC	KS 统计量	KS p- 值	AD 统计量	AD p- 值
对数正态	0.77354	2.50307	674.4	0.05885	0.70298	0.42447	0.31750
指数	0.01184	0.00000	753.1	0.37508	0.00000	47.39011	0.00000

续表

分布	参数1	参数2	SBC	KS 统计量	KS p-值	AD 统计量	AD p-值
帕累托	0.77827	5.18160	676.3	0.06120	0.65636	0.59585	0.11979
韦布尔	0.21949	0.28155	673.8	0.06000	0.68031	0.40167	0.35924
伽马	0.00000	540.32971	683.9	0.20496	0.00001	10.94072	0.00000
对数 logistic	0.80808	5.34949	675.9	0.05842	0.71135	0.51400	0.19276

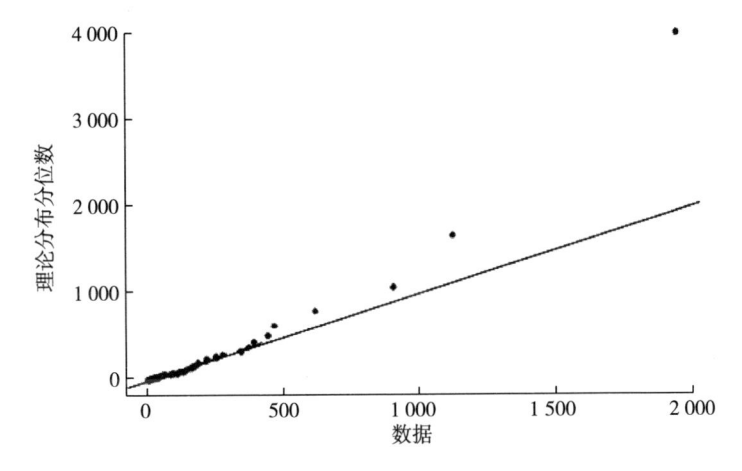

图 3.22 关于雇佣问题的对数正态分布 q-q 图

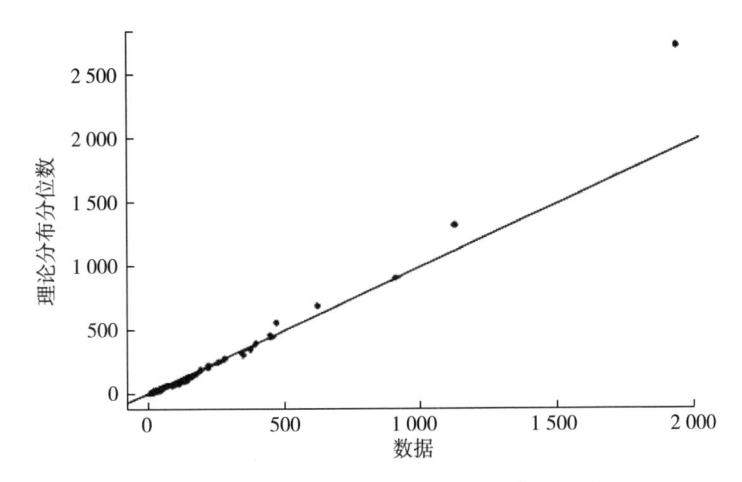

图 3.23 关于雇佣问题的韦布尔分布 q-q 图

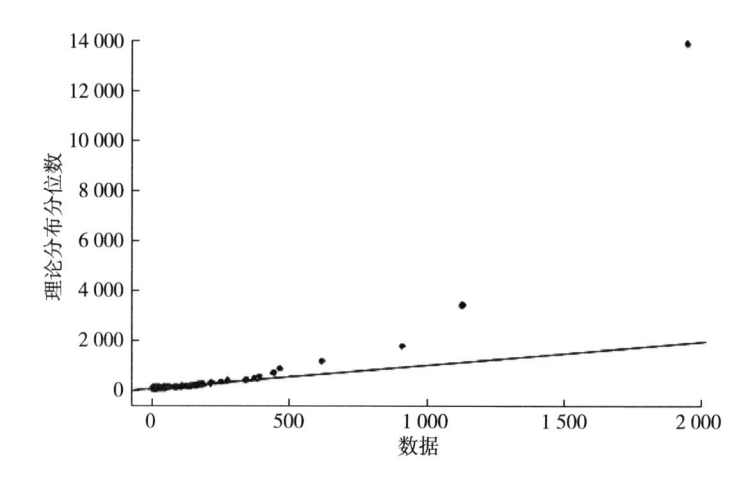

图 3.24　关于雇佣问题的帕累托分布 q-q 图

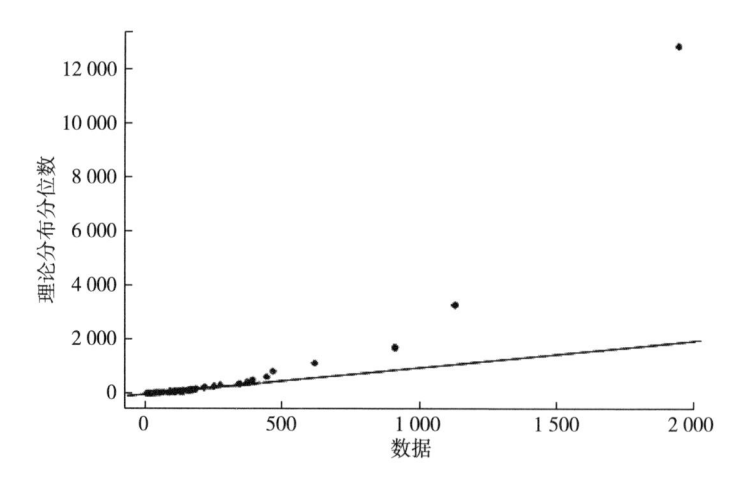

图 3.25　关于雇佣问题的对数 logistic 分布 q-q 图

韦布尔分布显示了最好的拟合。对数 logistic 分布与帕累托分布的拟合行为类似，而对数正态分布的 q-q 图尽管不如韦布尔分布，但对高分位点的高估也显示了合理的结果。

表 3.8 列出了代理操作风险类型相关信息，从中可以发现几乎所有分布的结果均显示负面结果：对数正态分布和韦布尔分布提供

的 Anderson-Darling 检验 p- 值也非常差。图 3.26 和图 3.27 显示了这两个分布的 q-q 图。

虽然差异并不大，q-q 图显示出不同的分布行为。相比之下，韦布尔分布似乎更佳，因为它提供的最高分位点的高估程度低于对数正态分布。

表 3.8 代理类风险的分布参数和拟合优度统计量

分布	参数1	参数2	SBC	KS 统计量	KS p-值	AD 统计量	AD p-值
对数正态	2.80241	2.22006	7064.4	0.02011	0.68271	0.76027	0.04802
指数	0.00441	0.00000	8060.8	0.38771	0.00000	∞	0.00000
帕累托	0.78170	17.50157	7082.0	0.03823	0.04984	3.81968	0.00000
韦布尔	0.28271	7.52574	7063.8	0.02313	0.50557	0.59358	0.12142
伽马	0.00000	3037.59720	7196.6	0.19792	0.00000	110.00462	0.00000
对数 logistic	0.81952	21.00270	7075.5	0.03058	0.18731	2.17185	0.00001

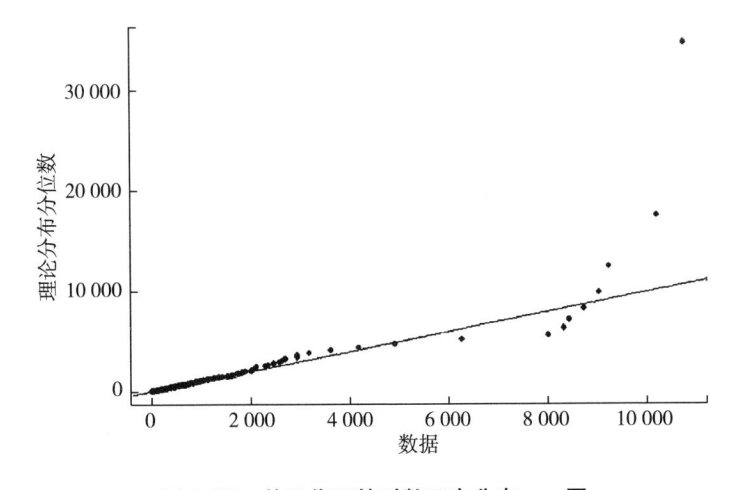

图 3.26 关于代理的对数正态分布 q-q 图

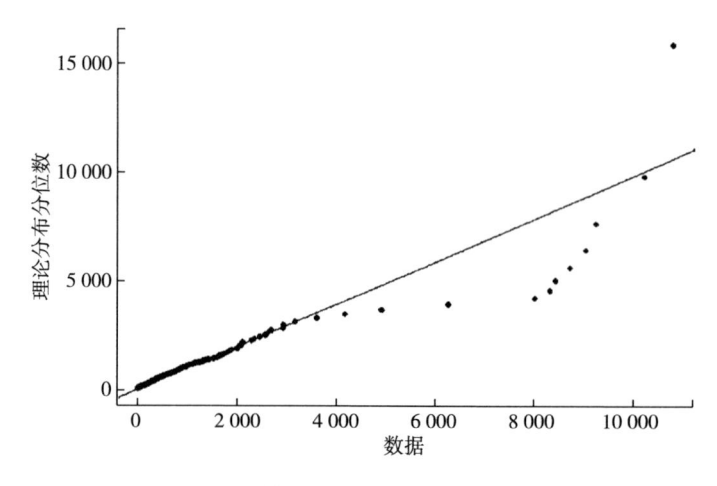

图 3.27 关于代理的韦布尔分布 q-q 图

表 3.9 列出了实物资产操作风险类型的相关信息，为正面结果。从严格量化来看，只有指数分布被排除。我们确信，这种正面结果是由于可获得的数据有限造成的。图 3.28 到图 3.32 显示了剩余分布的 q-q 图。

q-q 图表明，韦布尔分布是拟合最好的分布，而且它为极端分位点提供了很好的拟合。此外，对数正态分布可作为一个备选分布，因为它也显示了对最高分位点的合理高估。

表 3.9 实物资产类风险的分布参数和拟合优度统计量

分布	参数 1	参数 2	SBC	KS 统计量	KS p-值	AD 统计量	AD p-值
对数正态	5.51832	1.88642	84.6	0.09995	0.99924	0.18996	0.89940
指数	0.00097	0.00000	87.8	0.33464	0.13372	2.81586	0.00100
帕累托	0.77161	155.01077	85.0	0.10655	0.99806	0.21981	0.83584
韦布尔	0.49795	481.23458	84.5	0.10498	0.99843	0.18943	0.90026
伽马	0.25473	3184.74695	84.5	0.12240	0.98946	0.20374	0.87590
对数 logistic	0.84705	231.19557	84.9	0.09570	0.99963	0.18620	0.90562

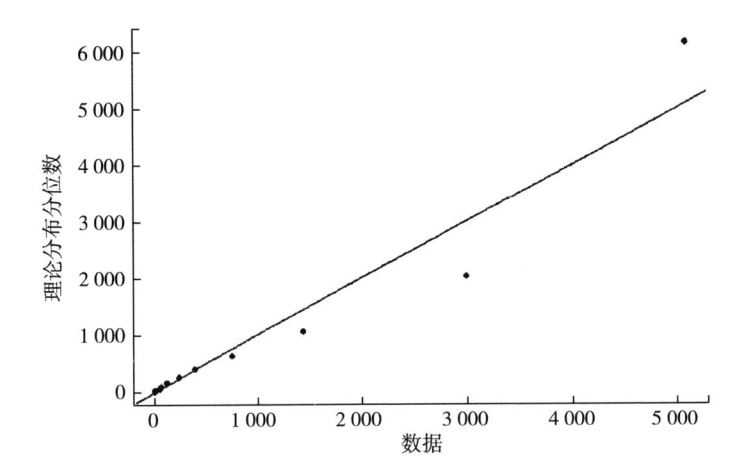

图 3.28　关于实物资产的对数正态分布 q-q 图

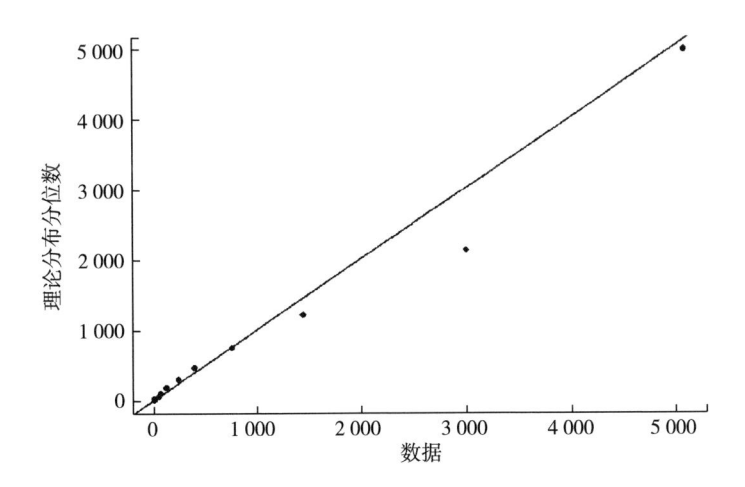

图 3.29　关于实物资产的韦布尔分布 q-q 图

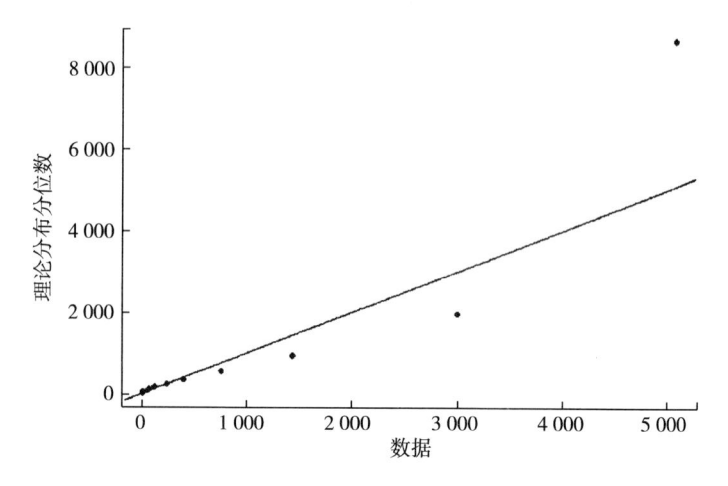

图 3.30　关于实物资产的帕累托分布 q-q 图

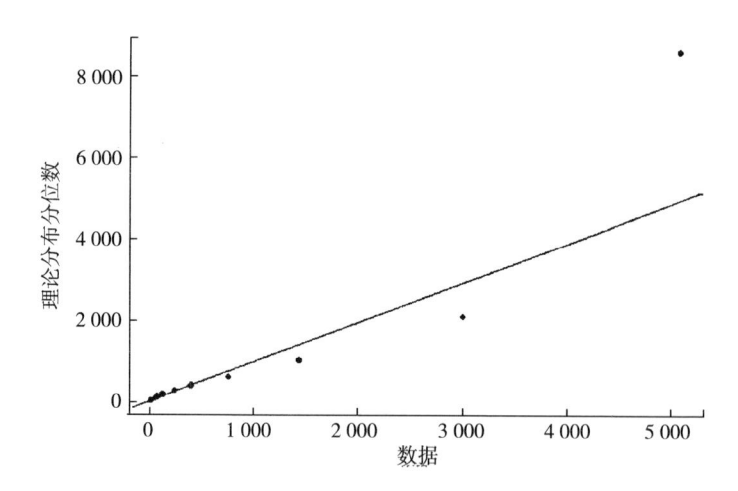

图 3.31　关于实物资产的对数 logistic 分布 q-q 图

第 3 章 损失分布方法

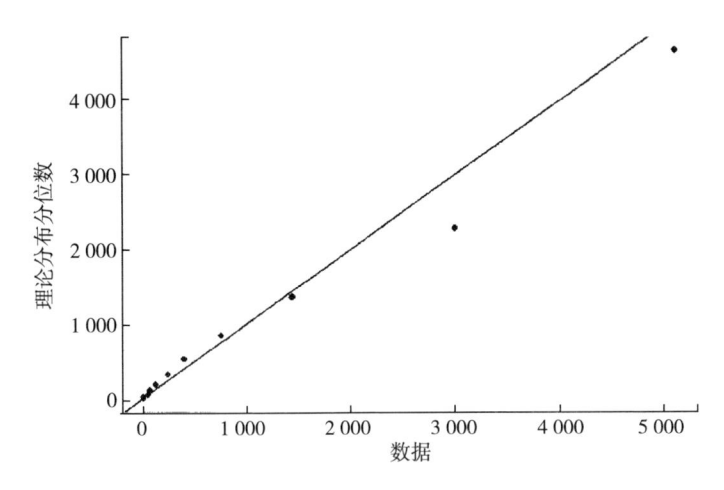

图 3.32 关于实物资产的伽马分布 q-q 图

从表 3.10 可以看出，由于较差的 SBC 值，我们可以排除指数分布，而且考虑到 Anderson-Darling 检验 p- 值，我们可以排除伽马分布。由于正面结果是由可获得数据的有限性造成的，我们仅考虑有较高 Anderson-Darling 检验 p- 值的分布：韦布尔分布、对数正态分布和对数 logistic 分布。图 3.33 到图 3.35 显示了这些分布的 q-q 图。

表 3.10 IT 系统类风险的分布参数和拟合优度统计量

分布	参数 1	参数 2	SBC	KS 统计量	KS p- 值	AD 统计量	AD p- 值
对数正态	0.40575	2.88849	100.0	0.11563	0.93607	0.13173	0.98159
指数	0.00705	0.00000	114.2	0.42612	0.00120	9.74836	0.00000
帕累托	0.67236	4.74675	100.21	0.11013	0.95581	0.14993	0.96316
韦布尔	0.18370	0.09731	99.9	0.11752	0.92832	0.13202	0.98136
伽马	0.00000	816.78666	101.3	0.24335	0.17809	1.50022	0.00072
对数 logistic	0.72225	5.18043	100.26	0.11353	0.94411	0.13974	0.97455

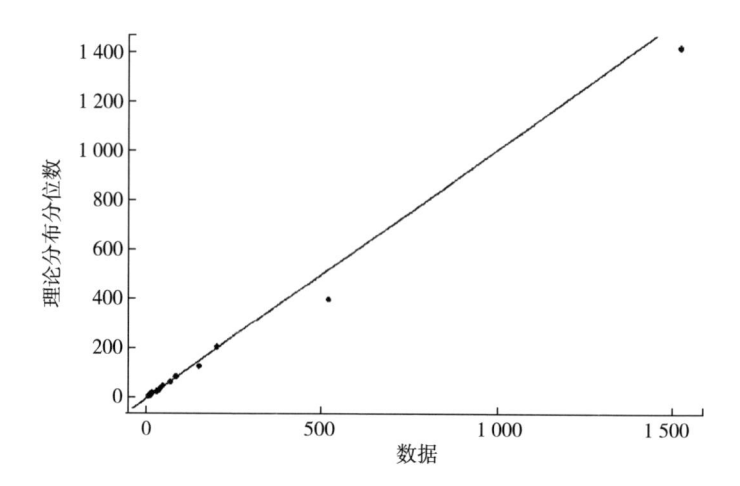

图 3.33　关于 IT 系统的对数正态分布 q-q 图

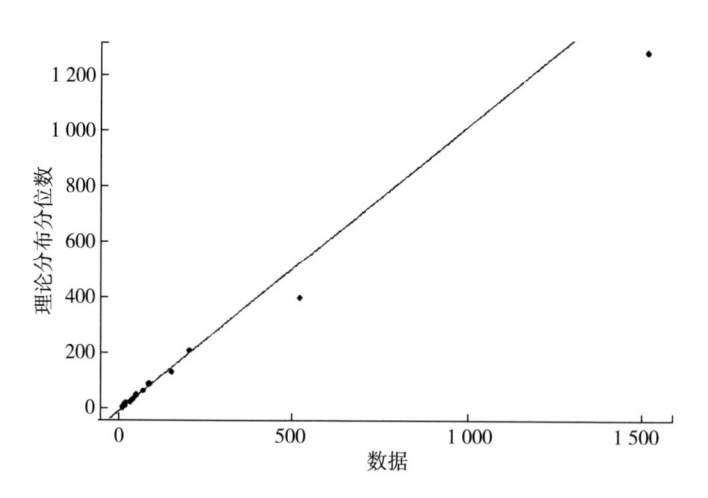

图 3.34　关于 IT 系统的韦布尔分布 q-q 图

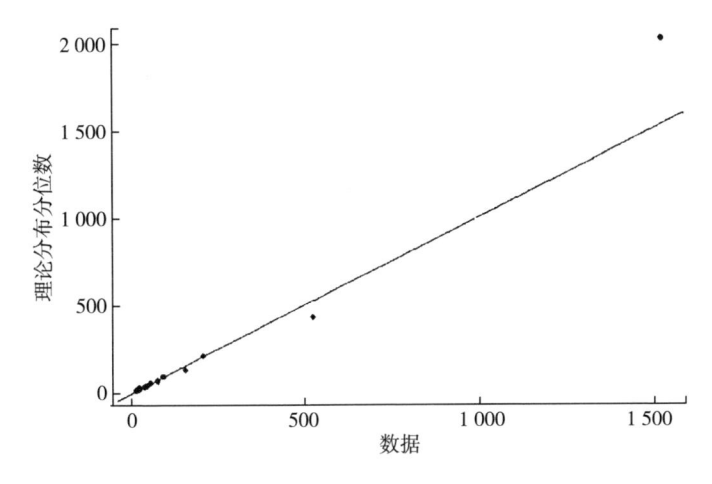

图 3.35 关于 IT 系统的对数 logistic 分布 q-q 图

从 q-q 图可以看出，最好的分布是对数正态分布，即使对最高分位点有所低估，使得该分布不一定是最保守的选择。

表 3.11 列出了流程管理操作风险类型的相关信息。结果表明，几乎所有分布的 Anderson-Darling 检验 p- 值都较差，结合 SBC 值和 p- 值，我们决定主要关注韦布尔分布、对数正态分布和对数 logistic 分布。图 3.36 到图 3.38 显示了这些分布的 q-q 图。

表 3.11 流程管理的分布参数和拟合优度统计量

分布	参数 1	参数 2	SBC	KS 统计量	KS p- 值	AD 统计量	AD p- 值
对数正态	1.54422	2.37423	1196.2	0.05211	0.52876	0.84470	0.02973
指数	0.00974	0.00000	1326.9	0.33999	0.00000	77.57010	0.00000
帕累托	0.76959	7.40918	1200.9	0.05848	0.38282	1.44276	0.00100
韦布尔	0.25489	1.44512	1194.9	0.05145	0.54507	0.74085	0.05362
伽马	0.00000	800.55707	1210.4	0.17556	0.00000	17.06985	0.00000
对数 logistic	0.79842	7.95172	1199.7	0.05528	0.45305	1.12766	0.00597

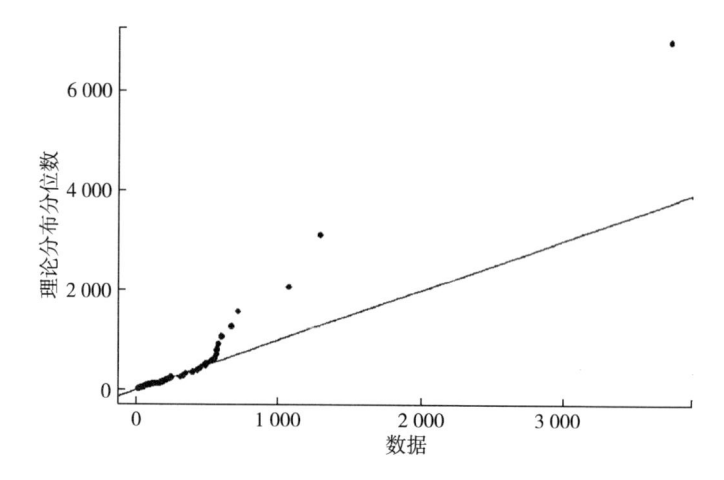

图 3.36　关于流程管理的对数正态分布 q-q 图

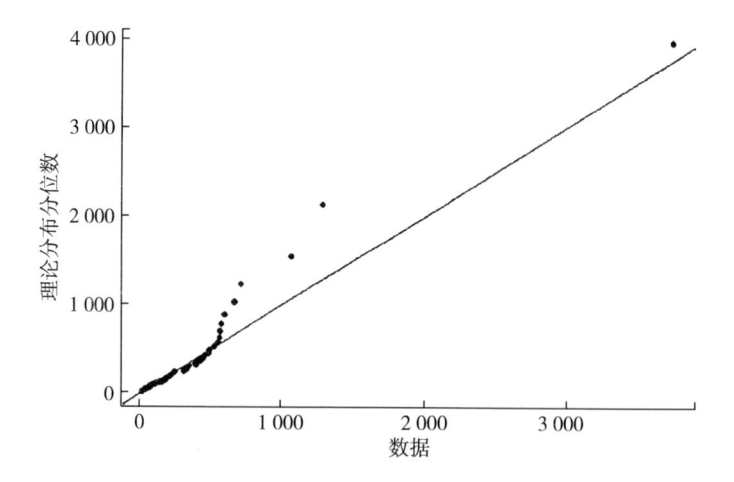

图 3.37　关于流程管理的韦布尔分布 q-q 图

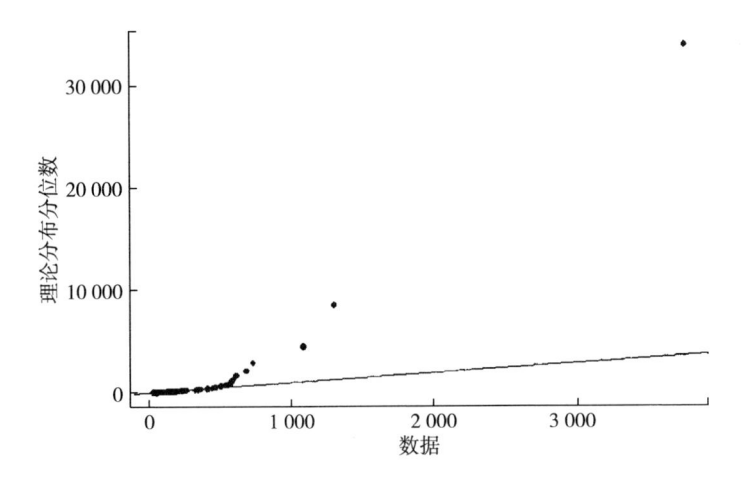

图 3.38 关于流程管理的对数 logistic 分布 q-q 图

所有的 q-q 图都不尽如人意，但相较之下，韦布尔分布为最佳选择。

从所有的结果来看，韦布尔分布对除 IT 系统类型外的所有事件类别都提供了最好的拟合，而对数正态分布则对 IT 系统类型提供了比其他分布更高精度的拟合。我们知道，在某些情况下，由于我们完全没有采用该准则对分布进行选择，这个最好的拟合可能会是一个差的拟合。

假设 Algo OpData 为一个年度数据的时间序列，可利用这个序列来估计频率。对各事件类别，泊松分布的参数 λ 估计为损失发生的次数。

在估算了程度和频率分布后，年损失分布和风险资本可通过蒙特卡洛模拟来度量。表 3.12 列出了每个事件类别所选择的程度分布：风险价值估计为 99.9% 分位点，预期损失估计为中位数，意外损失估计为风险价值和预期损失的差。正如第 3.10 节所述，在假设有充分明确的储备用于预防预期损失的前提下，操作风险资本可估计为意外损失。

表3.12 采用参数模型的风险资本结果　　　　　　　　（单位：千欧元）

事件类别	分布	风险价值	预期损失	意外损失
内部欺诈	韦布尔	350 307	218 101	132 206
外部欺诈	韦布尔	98 321	35 377	62 944
雇佣	韦布尔	58 774	13 089	45 686
代理	韦布尔	418 232	277 600	140 631
实物资产	韦布尔	60 925	9 914	51 010
IT系统	对数正态	232 013	2 317	229 695
流程管理	韦布尔	73 960	27 018	46 942
合计		1 292 532	583 417	709 114

从表3.12可以看出，对各类型的风险资本求和从而得到总风险资本并非保守的计算方法。而且我们可以看到，预期损失和风险价值间的比值约为45%，相对于预期的比值而言（见参考文献3和28），这个值非常高。这些结论可能由韦布尔分布的薄尾做出。可通过对各风险类型使用对数正态分布获得更保守、更稳妥的结果（见表3.13）。从q-q图可以看出，此分布对数据提供了比较好的拟合，而且比韦布尔分布有更厚的尾部。

表3.13 采用对数正态分布的风险资本计算结果　　　　（单位：千欧元）

事件类别	分布	风险价值	预期损失	意外损失
内部欺诈	对数正态	1 071 449	258 916	812 533
外部欺诈	对数正态	308 936	39 743	269 194
雇佣	对数正态	879 751	46 079	833 671
代理	对数正态	722 489	211 963	510 527
实物资产	对数正态	307 187	10 244	296 942
IT系统	对数正态	232 013	2 317	229 695
流程管理	对数正态	302 359	32 327	270 031
合计		3 824 184	601 590	3 222 594

采用对数正态分布，预期损失和风险价值间的比值降为16%。与采用韦布尔分布得到的结果相比，这比较接近实际的水平。

这个例子说明：在分布的选择上，不可能仅依赖拟合优度的结果，还应分析风险资本值的合理性。在本例中，由于操作风险资本应代表银行的年度总损失，平均而言，这种情况每1 000年一遇，观察到的损失要达到如此高置信级的风险价值是不可能的。我们发现，使用不同分布假设获得的风险资本结果差异显著，这是因为影响风险资本值的损失程度分布高于观察到的最大损失。这个问题被称为"外推问题"（见参考文献29）。

3.15.4 采用极值理论估计的风险资本

正如第3.15.3节所述，为估计各种类型的损失，仅用一个分布不足以为程度的主体和尾部同时建模。因此我们采用极值理论为程度的尾部建模。

我们为各风险类型设置一个适当的主体-尾部的阈值。正如第3.5节所述，对此尚无统一的分析方法，标准的做法是通过图表分析来进行定性设置。我们可以先设置一个初始阈值，比如可以设置一个90%的经验分位点，然后通过图示来确认该值是否合适，但这不适用于实物资产和IT系统的操作风险类型。对于此类风险，考虑到样本规模通常较小，我们需要设定一个更低的阈值，因此90%的经验分位点无法提供足够的超出值，从而导致估计值无法达到精度要求。对各类风险而言，根据经验超额均值函数图（见图3.39到图3.45）分析风险等级，竖线表示90%的经验分位点。

从经验超额均值函数图可以看出，无明显的证据表明需改变初始阈值。只有当大家一致认为存在更好的阈值水平时，我们才会根据超额均值函数图改变阈值。

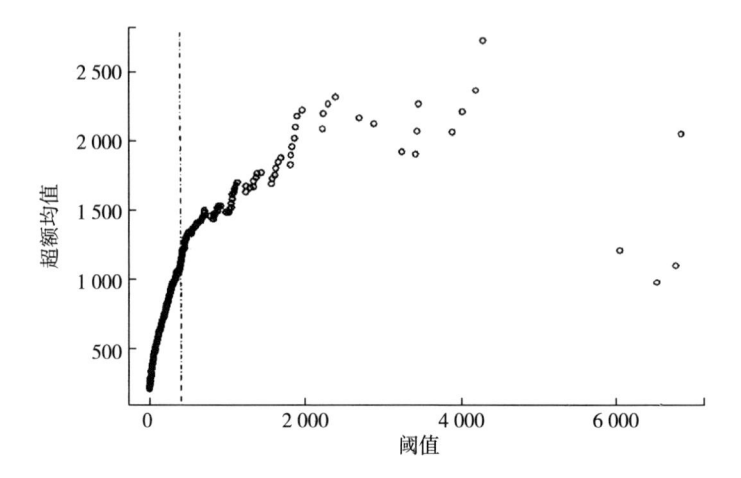

图 3.39 内部欺诈的超额均值函数

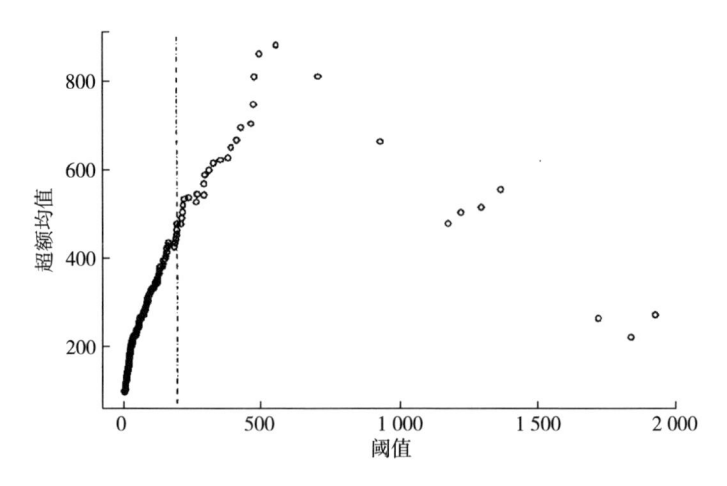

图 3.40 外部欺诈的超额均值函数

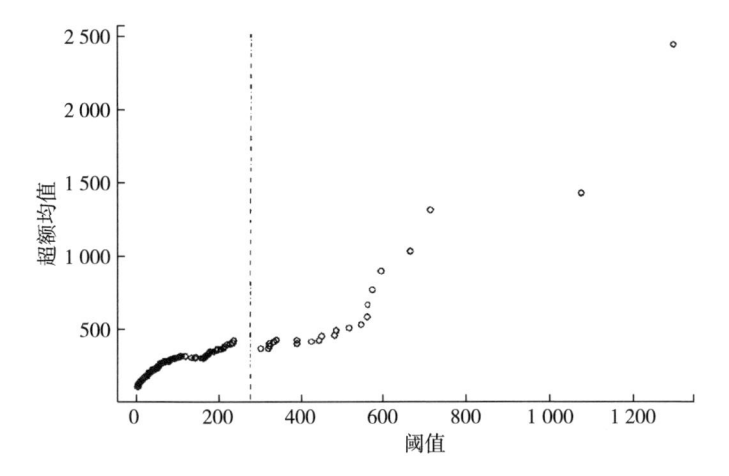

图 3.41 雇佣问题的超额均值函数

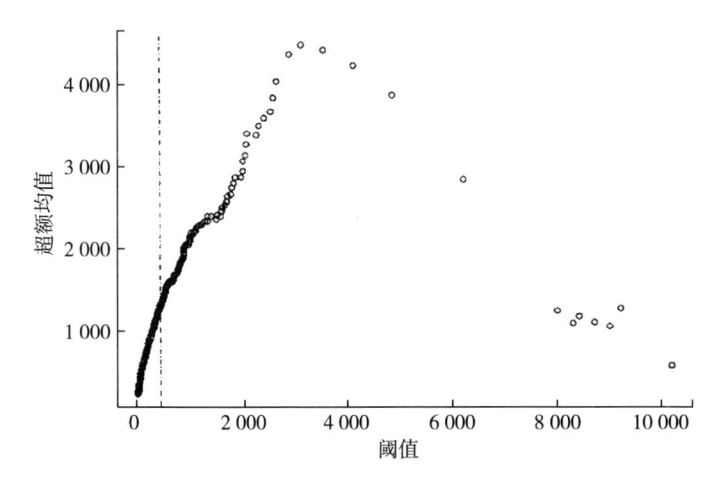

图 3.42 代理的超额均值函数

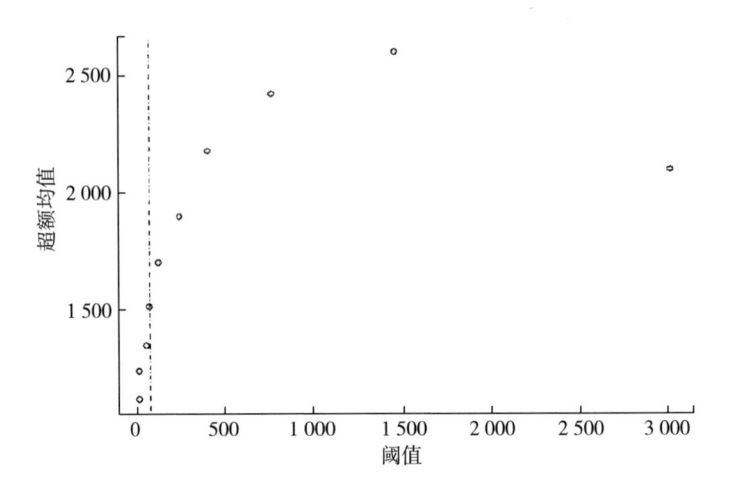

图 3.43　实物资产的超额均值函数

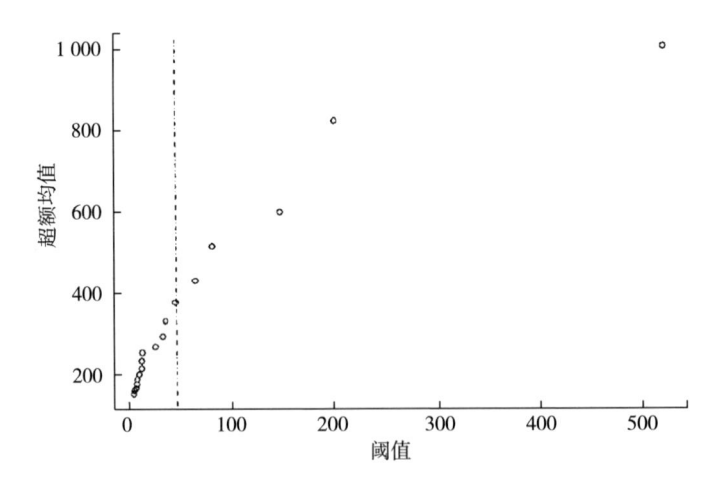

图 3.44　IT 系统的超额均值函数

第 3 章 损失分布方法

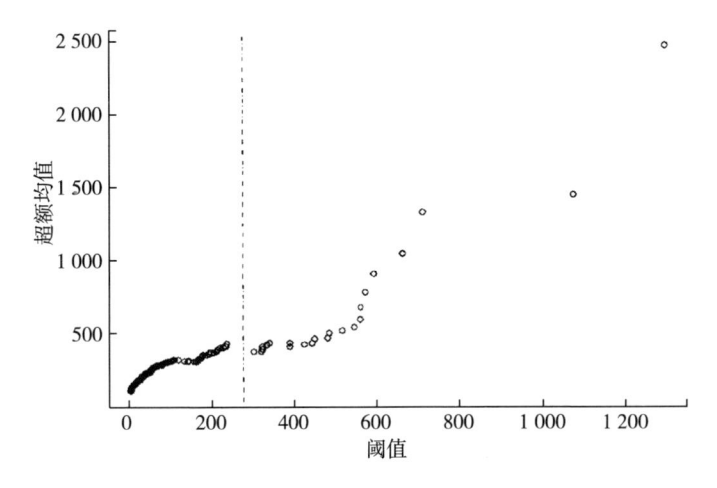

图 3.45 流程管理的超额均值函数

为研究阈值变动时形状参数 ξ 的变化,我们进一步进行了有意义的图形分析。理论上,当阈值 u 增加时,形状参数估计倾向于稳定。当超出阈值的幅度较低时,我们得到一个较高的估计方差,且估计值可能不稳定。因此阈值应在形状参数估计稳定的取值范围内进行选择。图 3.46 到图 3.52 显示了各操作风险类型的形状参数图。

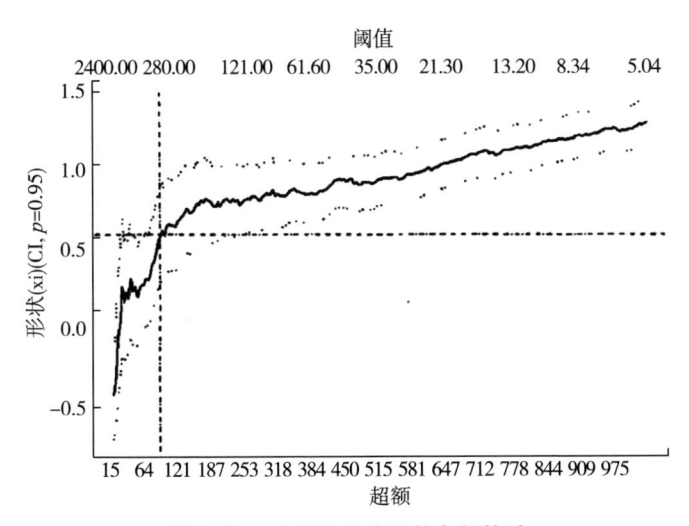

图 3.46 内部欺诈的形状参数估计

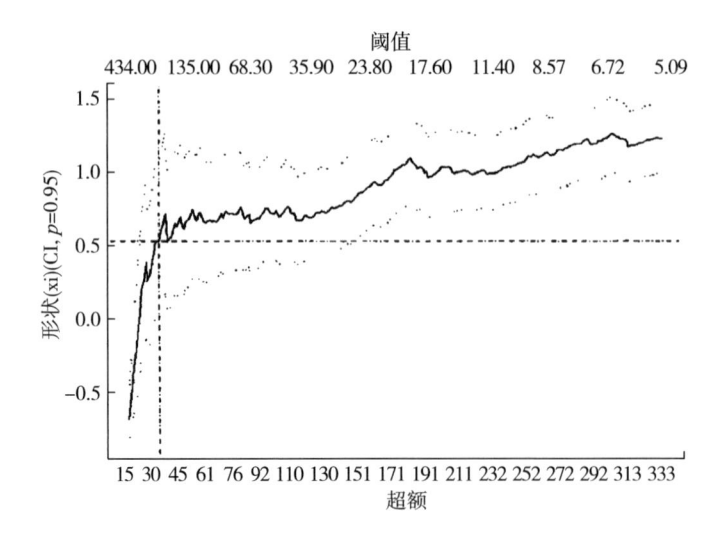

图 3.47　外部欺诈的形状参数估计

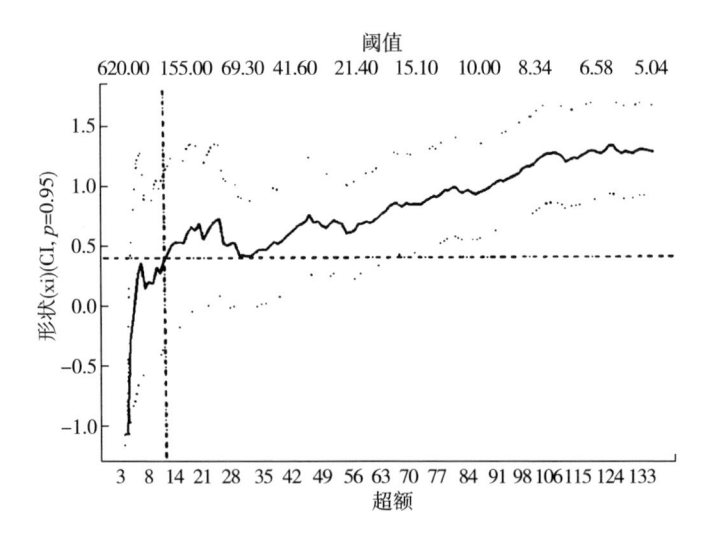

图 3.48　雇佣问题的形状参数估计

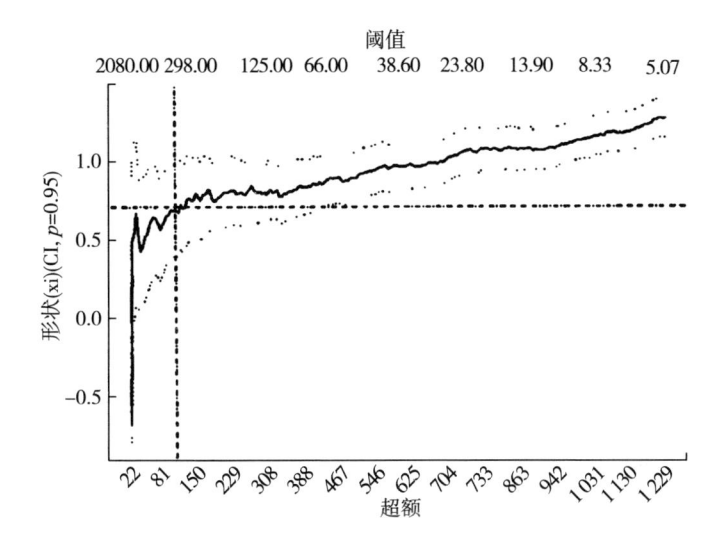

图3.49 代理的形状参数估计

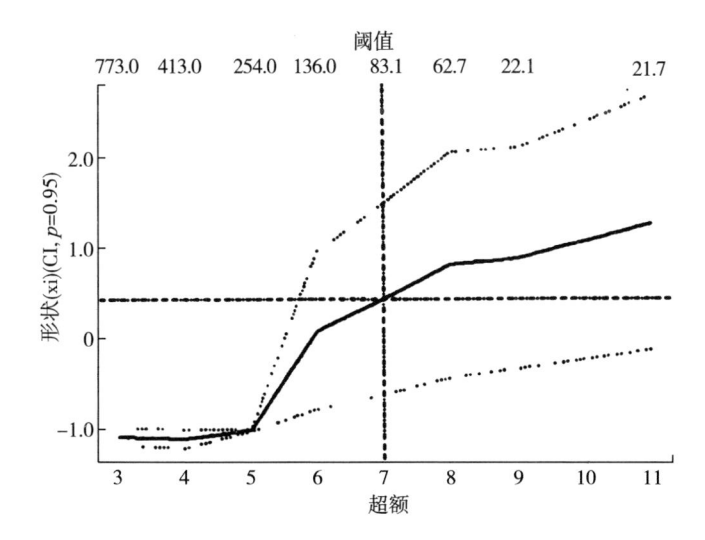

图3.50 实物资产损失的形状参数估计

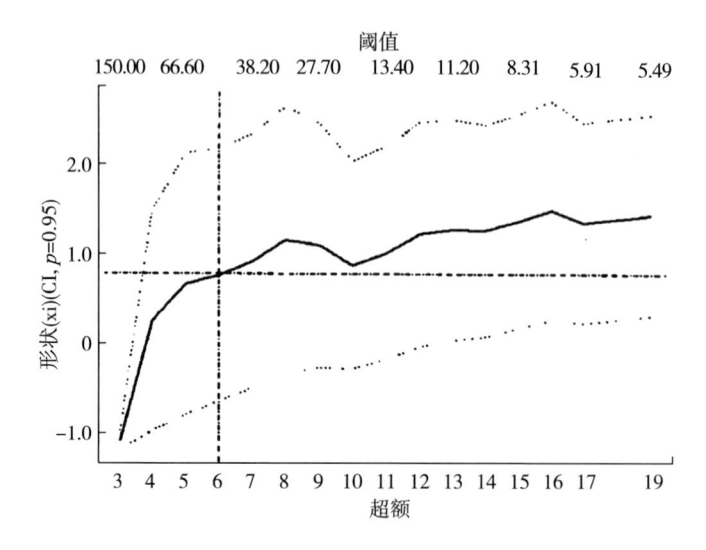

图 3.51 IT 系统损失的形状参数估计

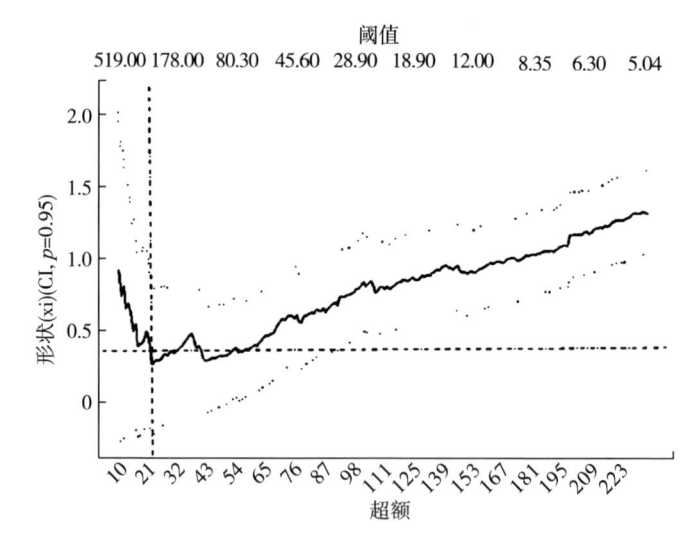

图 3.52 流程管理损失的形状参数估计

图形分析证实了设定的阈值。我们仅讨论内部欺诈和外部欺诈风险类型的形状参数图,从图中可以看出,稳定性最高的阈值水平似乎位于低于 90% 分位点的区域。我们始终采用这个设定的阈值进行分析。

表 3.14 列出了各风险类型的广义帕累托分布参数估计和拟合优度检验结果。图 3.53 到图 3.59 显示了它们的 q-q 图。利用尾部数据估计的广义帕累托分布拟合优度检验结果表明，拟合结果相比前文的结论有明显改进。

表 3.14 采用参数模型的风险资本结果

事件类别	阈值	ξ	β	KS 统计量	KS p-值	AD 统计量	AD p-值
内部欺诈	407	0.59322	547.5258	0.08464	0.42231	1.36373	0.00157
外部欺诈	201	0.53305	256.2966	0.11076	0.75739	0.52215	0.18400
雇佣	189	0.39187	236.2489	0.09442	0.99835	0.24442	0.76273
代理	425	0.71199	502.3257	0.04451	0.95469	0.34514	0.48504
实物资产	83	0.43127	954.3001	0.15313	0.98689	0.20780	0.86643
IT 系统	48	0.78006	149.5491	0.13855	0.99868	0.17045	0.93258
流程管理	277	0.36478	235.9846	0.12774	0.78262	0.63731	0.09660

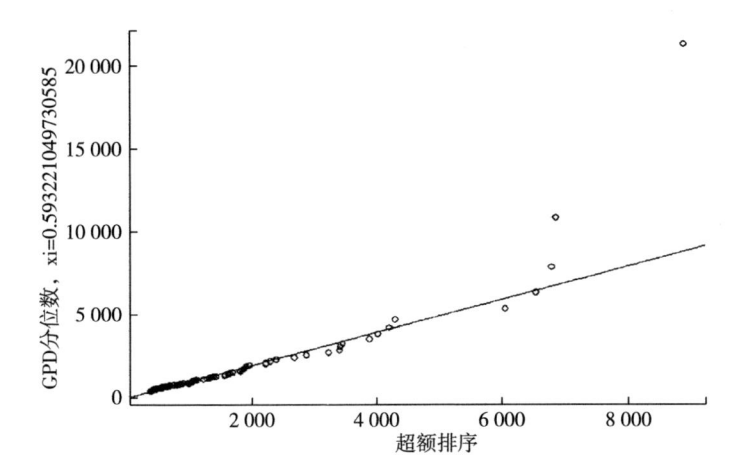

图 3.53 关于内部欺诈的广义帕累托分布 q-q 图

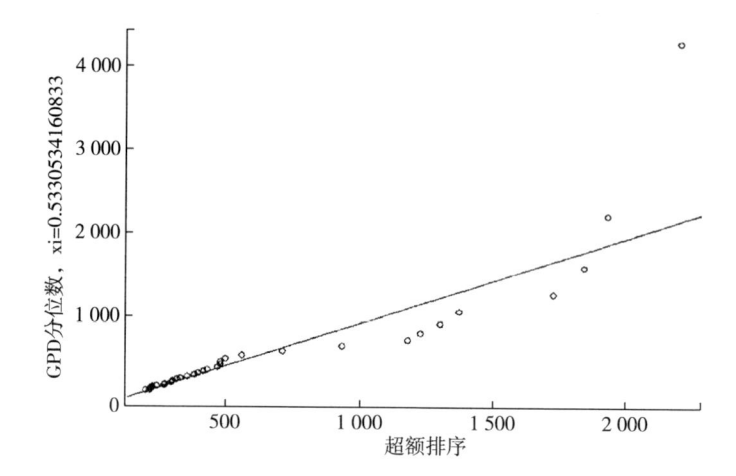

图 3.54　关于外部欺诈的广义帕累托分布 q-q 图

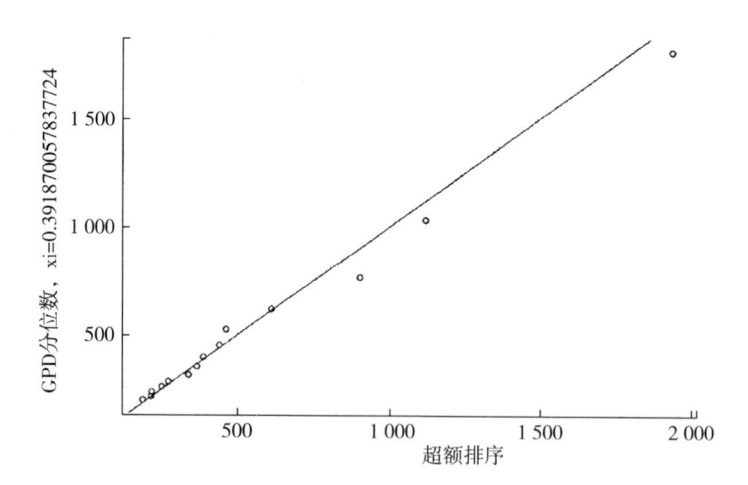

图 3.55　关于雇佣问题的广义帕累托分布 q-q 图

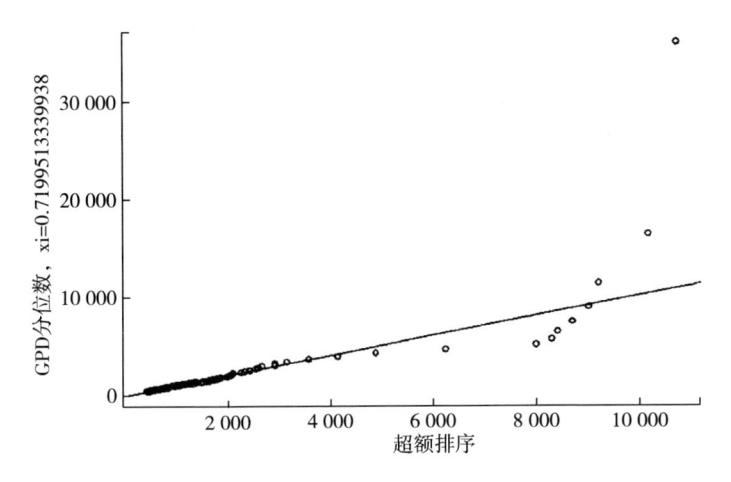

图 3.56 关于代理的广义帕累托分布 q-q 图

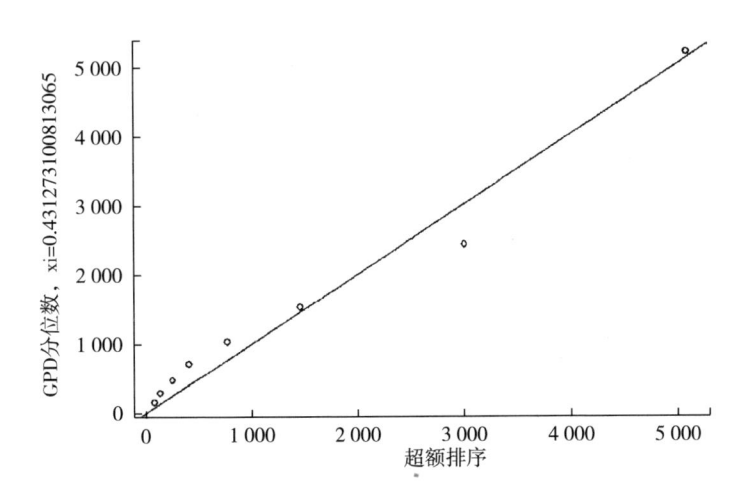

图 3.57 关于实物资产的广义帕累托分布 q-q 图

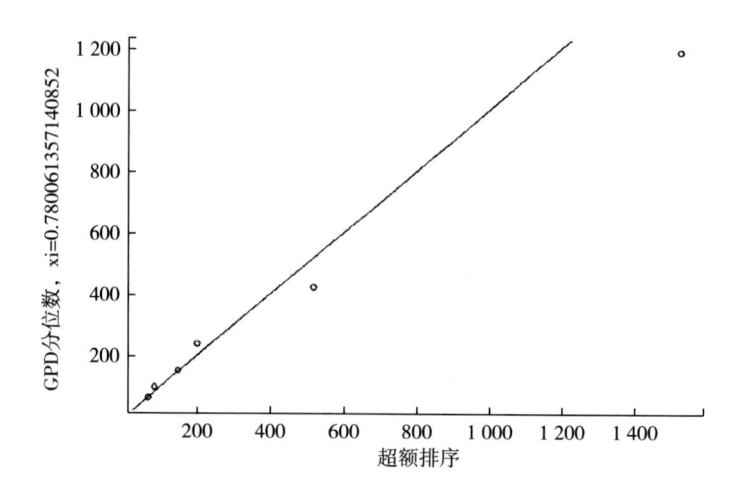

图 3.58 关于 IT 系统的广义帕累托分布 q-q 图

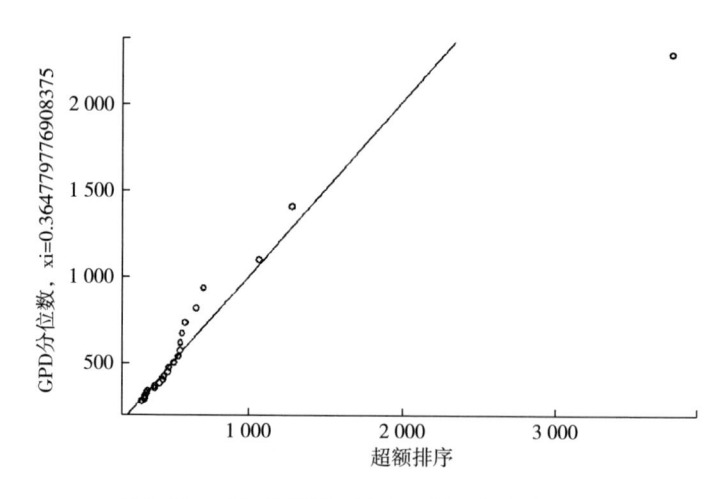

图 3.59 关于流程管理的广义帕累托分布 q-q 图

比较广义帕累托分布和前面分布的 q-q 图，我们发现，在某些情况下（雇佣风险类），广义帕累托分布拟合更精确，而在其他情况下，改进则不明显。我们认为这主要是由于结构导致的。广义帕累托分布的 q-q 图通过调整初始数据，涵盖了大多数大额损失。采用内部损失数据时，通过极值理论方法可以显著提高拟合质量。

完成参数估计后，利用广义帕累托分布估计尾部强度，然后用极值理论计算风险资本。程度分布主要采用对数正态分布进行估计，表 3.15 列出了估计的结果。

通过极值理论计算得到预期损失和风险价值的比值约为 10.8%，低于采用韦布尔分布或对数正态分布计算得到的结果。资本估计更为保守，而且预期损失和风险价值的比值也与参考文献（见参考文献 3 和 28）中记载的其他估计值一致。采用内部损失数据时，通过极值理论方法可以显著改进估计的结果。

表 3.15　采用极值理论方法计算的风险资本结果　　（单位：千欧元）

事件类别	风险价值	预期损失	意外损失
内部欺诈	1 114 640	230 105	884 535
外部欺诈	152 304	26 747	125 557
雇佣	34 559	8 562	25 997
代理	3 309 104	236 385	3 072 719
实物资产	124 201	16 546	107 655
IT 系统	177 916	2 361	175 556
流程管理	39 271	13 099	26 171
合计	4 951 993	533 803	4 418 190

3.15.5　采用 g-h 分布的风险资本估计

我们现在通过 g-h 分布估计强度来计算风险资本值。如第 3.6 节所述，在这种情况下，程度分布不是截断的，而是可以进行转换的。表 3.16 列出了各风险类型程度分布的参数估计。

表 3.16　g-h 分布的参数估计

事件类别	A	B	g	h
内部欺诈	31.6385160	63.2924210	2.0003840	0.0022391
外部欺诈	16.4865275	32.0730759	2.0009181	0.0137908
雇佣	14.9584830	30.3079274	2.0960616	0.0120687
代理	34.1728501	67.9727935	1.9685451	-0.0007359
实物资产	244.6322920	523.086182	2.1618072	-0.0037933
IT 系统	17.8271684	38.3859575	2.3363951	0.0437545
流程管理	19.1929199	39.7538487	2.0675810	-0.0002511

为评估 g-h 分布条件下各风险类型的拟合优度，我们分析了它们的 q-q 图（见图 3.60 到图 3.66）。

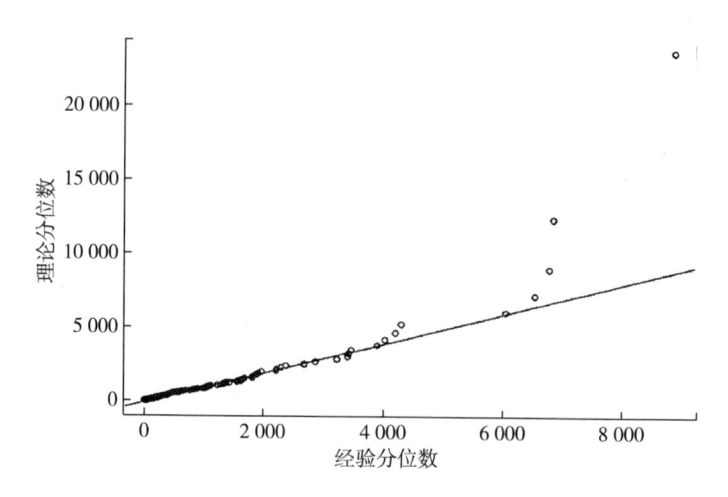

图 3.60　关于内部欺诈的 g-h 分布 q-q 图

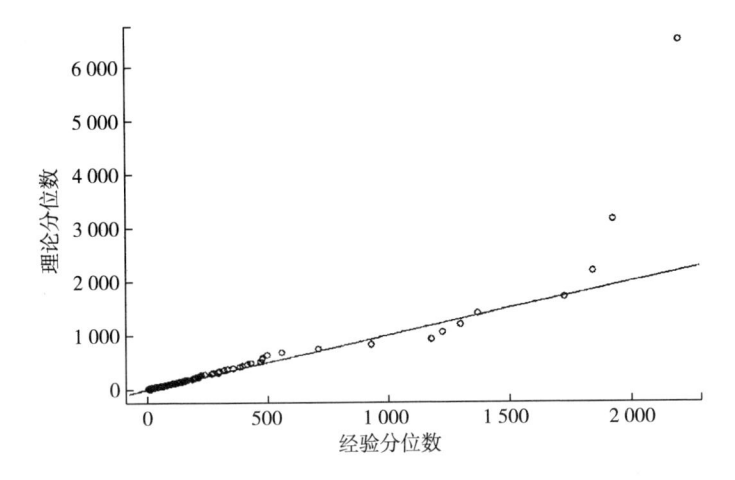

图 3.61 关于外部欺诈的 g-h 分布 q-q 图

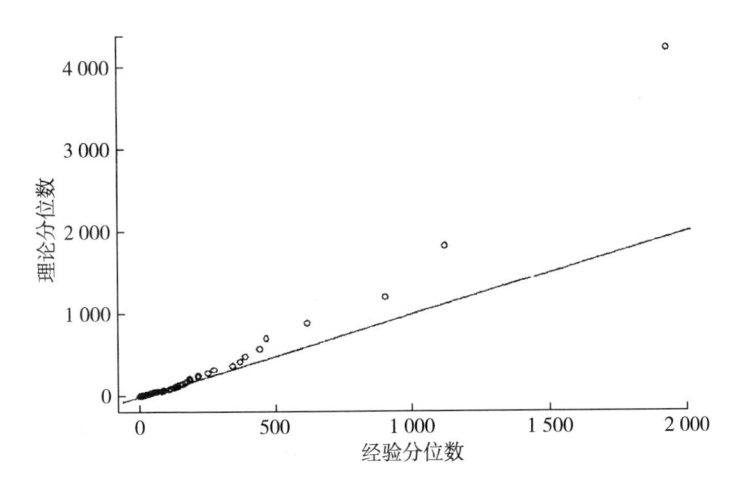

图 3.62 关于雇佣问题的 g-h 分布 q-q 图

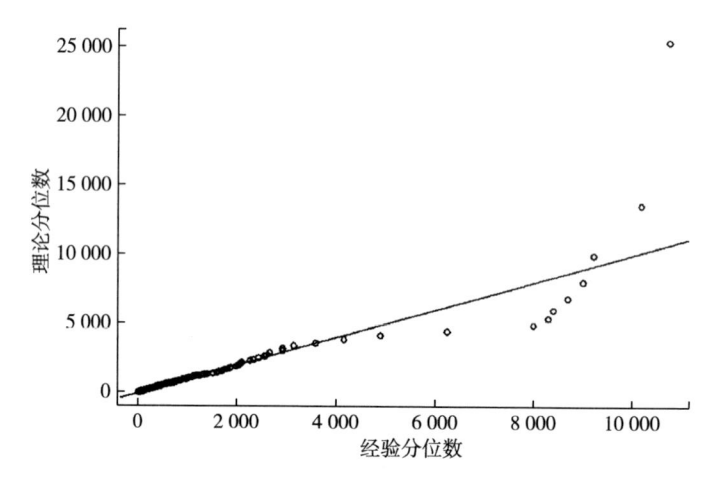

图 3.63　关于代理的 g-h 分布 q-q 图

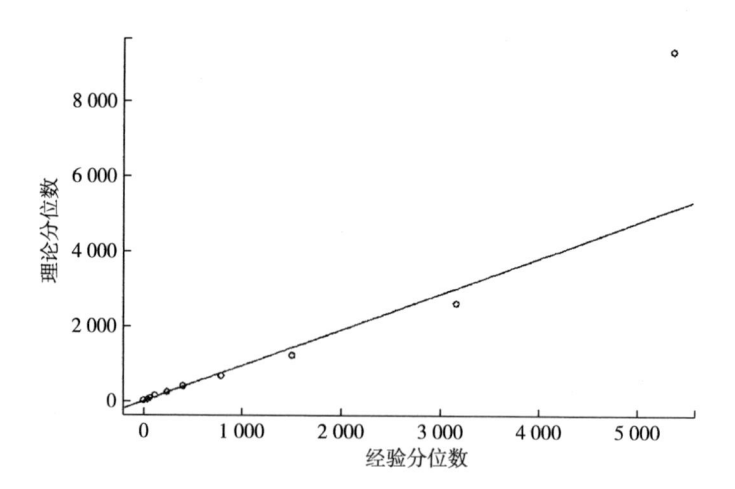

图 3.64　关于实物资产损失的 g-h 分布 q-q 图

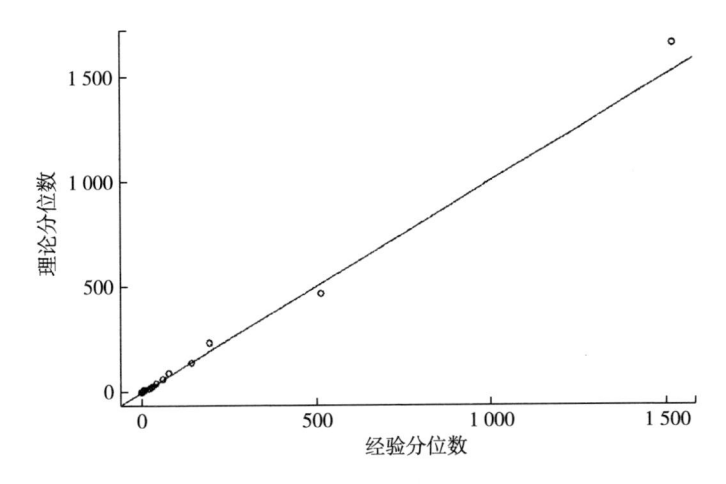

图 3.65 关于 IT 系统损失的 g-h 分布 q-q 图

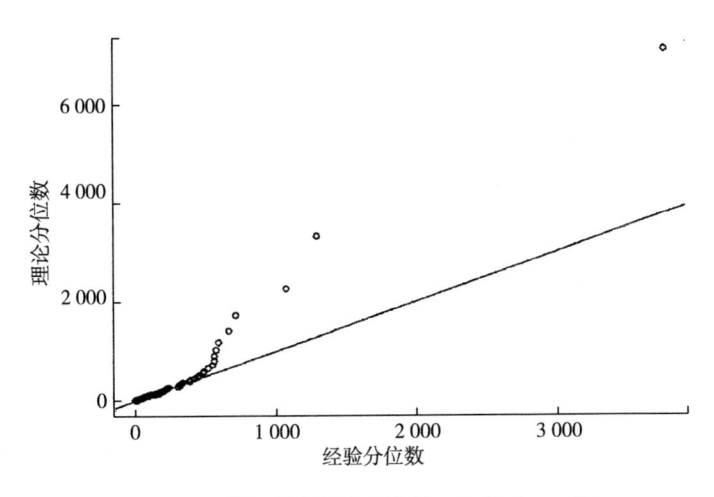

图 3.66 关于流程管理损失的 g-h 分布 q-q 图

我们注意到，q-q 图中 g-h 分布对主体数据提供了很好的拟合，但在尾部则给出高估的结果。表 3.17 列出了风险资本的计算结果。

由于会产生更高比例的预期损失与风险价值比值，因此采用 g-h 计算的资本估计要低于采用极值理论或对数正态分布计算得到的结果。尽管基于此分布假设，q-q 图显示高估了极值点，但资本值似乎仍不保守。按照我们的观点，应对 g-h 做进一步的研究，以分析这个分布是否可以用于构建操作损失模型（至少对于某些风险类型来说）。我们认为比较稳妥的损失分布方法应综合利用参数方法、极值理论方法和 g-h 方法。

表 3.17　采用 g-h 分布的风险资本结果　　　　　　　　（单位：千欧元）

事件类别	风险价值	预期损失	意外损失
内部欺诈	696 386	239 834	456 551
外部欺诈	204 277	39 592	164 685
雇佣	164 027	16 358	147 669
代理	753 520	296 801	456 719
实物资产	803 449	13 502	789 947
IT 系统	200 635	2 663	197 973
流程管理	231 882	35 397	196 484
合计	3 054 176	644 148	2 410 027

3.15.6　考虑相关性的风险资本估计

分散化效应对操作风险建模影响很大，事实上，至少有部分操作风险类型可能是不相关的。在同一时期不太可能发生最严重的系统性操作风险损失，而且此类损失很难找到实证。

为分析风险类型之间的相关性，我们采用操作风险损失的公开数据库 Algo OpData。该数据库涵盖了较长的时间段，用于研究的数据为结算日期在 1993 年到 2006 年间、且损失数量大于 100 万欧元的损失数据。通过分析加总的年度损失数据，得到巴塞尔事件类别间的相关性结果。表 3.18 和表 3.19 分别显示了每对风险类型间的 Pearson 线性相关系数和 Kendall 秩相关系数。

表 3.18　Algo OpData 的 Pearson 线性相关系数矩阵

	ET1	ET2	ET3	ET4	ET5	ET6	ET7
ET1	1.000	0.230	0.097	-0.117	0.036	-0.331	0.051
ET2	0.230	1.000	-0.178	0.530	-0.137	-0.121	0.018
ET3	0.097	-0.178	1.000	-0.066	-0.389	0.132	-0.017
ET4	-0.117	0.530	-0.066	1.000	0.013	0.157	0.050
ET5	0.036	-0.137	-0.389	0.013	1.000	-0.168	-0.013
ET6	-0.331	-0.121	0.132	0.157	-0.168	1.000	-0.037
ET7	0.061	0.018	-0.117	0.050	-0.013	-0.037	1.000

表 3.19　Algo OpData 的 Kendall 秩相关系数矩阵

	ET1	ET2	ET3	ET4	ET5	ET6	ET7
ET1	1.000	0.253	0.077	-0.033	0.077	-0.011	-0.099
ET2	0.253	1.000	-0.055	-0.033	0.011	0.033	-0.055
ET3	0.077	-0.055	1.000	0.099	-0.253	0.363	-0.055
ET4	-0.033	-0.033	0.099	1.000	-0.165	0.363	0.055
ET5	0.077	0.011	-0.253	-0.165	1.000	-0.264	0.077
ET6	-0.011	0.033	0.363	0.363	-0.264	1.000	0.077
ET7	-0.099	-0.055	-0.055	0.055	0.077	0.077	1.000

从上述列表中可以看出，相关系数均比较低，且多数值为负值。这些结果验证了风险分散的作用。

表 3.20 列出了风险类型中最大加总损失、最大频率和最大单一损失发生的年份。可以看到，对于不同的风险类型，发生年份也不同。

表 3.20　Algo OpData 各风险类型最大加总损失、最大频率和最大单一损失发生的年份

	ET1	ET2	ET3	ET4	ET5	ET6	ET7
最大年损失年份	1995	2005	1998	2005	2003	1994	1999
最大年频数年份	2003	2002	1999	2005	2002	2001	1999
最大单一损失年份	1997	2005	1996	2005	2003	1994	1999

正如第3.10节所述，总的风险价值取决于各风险类型的损失分布和Copula函数确定的所有类型间的相关结构。本例中，我们用极值理论来估计损失分布（见第3.15.4节），并利用Copula函数确定总的损失分布和风险资本。为比较不同Copula函数的敏感性，文中分别对高斯Copula、学生t Copula和Gumbel Copula进行了计算。参数估计的方法如第3.10节所述。表3.21列出了风险资本值，以及采用高斯Copula、学生t Copula和Gumbel Copula得到的分散化效应。高斯Copula和学生t Copula的相关系数矩阵通过Kendall相关系数矩阵（见表3.19）进行估计。对于学生t Copula，自由度参数为5.407776，而对于Gumbel Copula，相关性系数为0.021978。

表3.21　不同相关性假设条件下的风险资本　　　　　（单位：千欧元）

相关性假设	风险价值	预期损失	意外损失	分散风险
完全相关	4 951 993	533 803	4 418 190	0%
高斯Copula	4 014 111	550 767	3 463 344	18.94%
学生t Copula	4 116 238	549 959	3 566 279	16.88%
Gumbel Copula	4 035 718	549 876	3 485 842	18.50%

对各Copula而言，分散化效应显著，数值从学生t Copula的16.88%到高斯Copula的18.94%。监管者可能面临如何证实如此高百分比的问题，但我们认为，对于相关性，不可能像保险回收那样施加上限，因为模型的不同粒度（即不同数量的风险类型）会产生不同的分散化效应。

分析完相关性系数后，我们要使用一种方法来描述不同操作风险间实际的相关结构。

3.16 监管资本要求

根据监管要求（见参考文献 1 和 2），银行可采用如下三种备选方法计算操作风险资本费用：

- 基本指标法（basic indicator approach，缩写为 BIA）。
- 标准法。
- 高级度量法。

前两种方法是总收入的函数,[①] 而高级度量法是基于内部模型，且内部模型满足定性和定量要求。这些内部模型通常通过利用 LDA 方法、SBA 方法或 LDA - SBA 组合方法来实现。显然，方法越复杂，规定的要求也就越多。

根据《巴塞尔协议 Ⅱ》，每种方法均可部分使用，如指定为高级度量法的金融机构仅能部分采用这个内部模型，并同时采用标准法和/或基本指标法。

对于银行集团而言，存在两类资本要求：

- 集团资本要求。
- 公司资本要求。

[①] 基本指标法是总收入的15%，而标准法则对不同的巴塞尔业务线采用不同的权重（12%，15%，18%）。

3.16.1 集团资本要求

考虑一个拥有 n 个公司（法人实体或附属机构）的国际银行集团，根据不同的风险状况以及符合监管要求的程度，此类集团公司可分为三种不同类型：

- 适用基本指标法的法人实体。
- 适用标准法的法人实体。
- 适用高级法的法人实体。

对于适用高级法的法人实体，仅需一次高级法计算。该高级法资本金将涵盖适用高级法的法人实体的全部，而不适用高级法的法人实体则必须使用标准法或指标法计算其资本。对于集团资本计算，采用的标准法和指标法是以总收入相对集团内的净贡献为基础：集团风险资本为适用高级法公司的高级法资本和不适用高级法公司的净标准法或净指标法资本的和。

比如，假设集团拥有公司 A、B、C、D、E 和 F，其中 A、B、C 为适用高级法的公司，而 D、E、F 为不适用高级法的公司。D 和 E 采用标准法，而 F 仅能用指标法。因此，A、B、C 计算高级法资本，而 D 和 E 计算其标准法资本，F 则采用指标法计算资本。则集团风险资本为：

$$K_{集团}(A \cup B \cup C \cup D \cup E \cup F)$$
$$= K_{高级法}(A \cup B \cup C) + K_{标准法}^*(D) + K_{标准法}^*(E) + K_{指标法}^*(F)$$
$$(3.152)$$

其中：

- $K_{集团}(A \cup B \cup C \cup D \cup E \cup F)$ 为集团风险资本。
- $K_{高级法}(A \cup B \cup C)$ 为适用高级法公司的高级法资本。
- $K_{标准法}^*(D) + K_{标准法}^*(E) + K_{指标法}^*(F)$ 为不适用高级法的公司采用净标准法或净指标法计算得到的资本和。

3.16.2 公司资本要求

根据公司分类（适用高级法、适用标准法和适用指标法）：

- 适用指标法的公司根据指标法计算持有资本。
- 适用标准法的公司根据标准法计算持有资本。
- 适用高级法的公司根据其风险状况部分持有集团的高级法资本。

分配高级法资本的最简单的准则是，基于标准法（$K_{标准法}$）计算风险资本的比例。

在上例中，资本分配情况如下：

$$K_{分配}(A) = [K_{标准法}(A)/(K_{标准法}(A) + K_{标准法}(B) + K_{标准法}(C))]$$

$$\times K_{高级法}(A \cup B \cup C) \tag{3.153}$$

$$K_{分配}(B) = [K_{标准法}(B)/(K_{标准法}(A) + K_{标准法}(B) + K_{标准法}(C))]$$

$$\times K_{高级法}(A \cup B \cup C) \tag{3.154}$$

$$K_{分配}(C) = [K_{标准法}(C)/(K_{标准法}(A) + K_{标准法}(B) + K_{标准法}(C))]$$

$$\times K_{高级法}(A \cup B \cup C) \tag{3.155}$$

$$K_{分配}(D) = K_{标准法}(D) \tag{3.156}$$

$$K_{分配}(E) = K_{标准法}(E) \tag{3.157}$$

$$K_{分配}(F) = K_{指标法}(F) \tag{3.158}$$

分配机制

基于标准法来按比例分配高级法风险资本的优势在于：

- 标准法是由监管者定义的一个量度值，可以被普遍接受。
- 计算简单，即便没有任何统计知识，也能给出直观的解释。
- 资本比例与公司规模相关。

标准法未给出实际的操作风险剖面：

- 公司受到惩罚，仅仅是因为公司为集团贡献了较好的收入。实际上，在这种情况下，总收入的增加意味着风险资本的增加。
- 如果一个公司遭受许多大额损失，从而增加高级法风险资本，这种变化将不可避免对所有适用高级法的法人实体产生影响。
- 如果一个公司能降低其操作风险，但风险资本并不会相应减少，这是因为标准法未能为正当规避操作风险的法人实体提供激励。

这表明，对于操作风险资本的分配，基于标准法的分配仅能提供一种初始阶段替代的分配方法。在初期，银行可使用基于标准法的分配方法，但在此后的阶段，银行应确定更好的对风险敏感的分配方法。

如果对各公司均采用内部模型，且仅使用这些公司的数据，则可以得到一致的、非常稳健的资本结果。此时分配集团高级法风险资本最简单的方法是，以各公司的操作风险资本为基础进行分配。

在上例中，分配的资本为：

$$K_{分配}(A) = [K_{高级法}(A)/(K_{高级法}(A) + K_{高级法}(B) + K_{高级法}(C))]$$
$$\times K_{高级法}(A \cup B \cup C) \quad (3.159)$$

$$K_{分配}(B) = [K_{高级法}(B)/(K_{高级法}(A) + K_{高级法}(B) + K_{高级法}(C))]$$
$$\times K_{高级法}(A \cup B \cup C) \quad (3.160)$$

$$K_{分配}(C) = [K_{高级法}(C)/(K_{高级法}(A) + K_{高级法}(B) + K_{高级法}(C))]$$
$$\times K_{高级法}(A \cup B \cup C) \quad (3.161)$$

其中，$K_{高级法}(A)$、$K_{高级法}(B)$ 和 $K_{高级法}(C)$ 表示利用内部模型计算得到的法人实体 A、B 和 C 的操作风险资本。

我们可以选择基于预期损失的方法，因为预期损失具有可加性（见参考文献 30），因而这是一个有意义的分配机制。

如果基于情景法模型可实现这种机制，我们则会质疑损失分布法模型。于是，我们提出了一个谨慎的方法，即对单一操作风险资本和标准法进行加权平均，分配集团的高级法风险资本。

如果单一操作风险资本的权重为 α，标准法的权重为 β（$\alpha + \beta = 1$），对于上例，我们可以得到：

$$K_{分配}(A) = [K_W(A)/(K_W(A) + K_W(B) + K_W(C))] \times K_{高级法}(A \cup B \cup C) \quad (3.162)$$

$$K_{分配}(B) = [K_W(B)/(K_W(A) + K_W(B) + K_W(C))] \times K_{高级法}(A \cup B \cup C) \quad (3.163)$$

$$K_{分配}(C) = [K_W(C)/(K_W(A) + K_W(B) + K_W(C))] \times K_{高级法}(A \cup B \cup C) \quad (3.164)$$

而且对于法人实体 A：

$$K_W(A) = \alpha \times K_{高级法}(A) + \beta \times K^*_{标准法}(A) \quad (3.165)$$

这样，如果不能确信单一操作风险资本的结果，则可以在引进一个风险敏感成分的同时，给标准法更高的权重。

3.17 经济资本要求

根据《巴塞尔协议Ⅱ》的第二支柱（见参考文献2），不应该仅仅从监管的角度考虑不同风险类型的资本要求（如市场风险、信用风险、操作风险等），而应同时用作内部经济资本。监管资本支出仅用于风险管理。正如第一支柱所示，监管资本考虑了市场风险、信用风险和操作风险，因此总的资本要求是在全相关的假设下，直接对各风险值求和而得到的，但经济资本应考虑银行面临的全部风险。

应该在考虑不同类别风险间分散化效应的基础上计算银行的总风险。我们在这里不想分析风险的整合过程,[①] 但要关注操作风险。

对经济资本而言,持有期为一年,这一点与监管要求相同。另外,两者通常有不同的置信度,这与银行的评级相关。比如,根据标准普尔评级机构的标准,评级为 AA- 的违约概率为 0.03%,与之相应的置信度则为 99.97%。一般而言,经济资本要求的置信度大约在 99.95% ~ 99.98%,至少在这一点上与操作风险的监管置信度不同。

可使用下述方法实现风险的整合:

- 方差 – 协方差框架(马科维茨)。
- 基于 Copula 函数。

基于 Copula 函数的方法与用于加总不同操作风险类型的方法一样。在这种情况下,我们考虑的不再是操作风险类型,而是不同风险类型,并假设可获得每类风险的年损失分布。操作风险应提供年度总损失分布。Copula 方法通常用于风险整合,且适用于厚尾分布(或非正态分布)。

方差 – 协方差方法更简单,总的风险资本可从下式得到:

$$VaR(\alpha) = \sqrt{\sum_{i,j} \rho_{i,j} VaR_i(\alpha) VaR_j(\alpha)} \quad (3.166)$$

其中,$VaR_i(\alpha) = \omega_i \sigma_i F^{-1}(\alpha)$ 为风险 i 的单一资本要求,ω_i 为风

[①] 风险整合过程见参考文献 31。

险暴露，σ_i 为波动性，$F^{-1}(\alpha)$ 为标准正态分布的 α 分位点，ρ 为每对风险间的线性相关系数。

该方法意味着所有的分布均为正态，但当某些风险（如操作风险）存在厚尾分布时，它就不再成立。除非是多变量椭圆分布（如高斯分布），线性相关系数不能正确表述整个相关结构，而在厚尾分布的情况下，我们可能会对分散化效应产生估计偏差。

在方差-协方差方法中，操作风险的输入为操作风险的风险价值。由于监管资本的置信度为 99.9%，因此在经济资本的计算中，我们将调整这个数值。

我们可以对更高的置信度进行计算。要从监管资本中获得经济资本，需要一个调整因子。假设正准备考虑一个非常高的置信度，我们用接近于 1 的概率（即 99.95%~99.98%）来计算年度总损失分布的一个分位点。由于该分布通过蒙特卡洛模拟得到，在特定样本误差的情况下，直接计算更高置信级的广义帕累托分布意味着增加估计的波动性。我们应将模拟年损失的次数增加到 1 000 万次，但这种计算非常耗时。① 最简便的方法是，对操作风险资本采用闭式近似（即单一事件近似，见第 3.11 节）。如果通过广义帕累托分布为程度分布的尾部建模，则可得到：

$$OpVaR(\alpha) = u + \frac{\beta}{\xi}\left[\left(\frac{\lambda_{尾部}}{1-\alpha}\right)^{\xi} - 1\right] \qquad (3.167)$$

---

① 运行次数超过 1 000 万次的模拟不仅消耗时间，而且超过这个阈值，在给定结构性数值限制时，用于计算的计算机可能会出现问题。此时，应设置更复杂的结构，如通过使用更多的 CPU 进行并行运算。

其中，$\alpha \to 1$。

当：

$$\frac{\beta}{\xi}\left[\left(\frac{\lambda_{\text{尾部}}}{1-\alpha}\right)^{\xi} - 1\right] \gg u \quad (3.168)$$

且：

$$\left(\frac{\lambda_{\text{尾部}}}{1-\alpha}\right)^{\xi} \gg 1 \quad (3.169)$$

此时，操作风险资本可进一步近似为：

$$OpVaR(\alpha) = \frac{\beta}{\xi}\left(\frac{\lambda_{\text{尾部}}}{1-\alpha}\right)^{\xi} \quad (3.170)$$

因此，两个置信度分别为 α_1 和 α_2 的操作风险资本之比为：

$$\frac{OpVaR(\alpha_2)}{OpVaR(\alpha_1)} = \left(\frac{1-\alpha_1}{1-\alpha_2}\right)^{\xi} \quad (3.171)$$

监管置信度为 $\alpha_1 = 99.9\%$，如果经济资本的置信度为 $\alpha_2 = 99.95\%$，则：

$$\frac{OpVaR(99.95\%)}{OpVaR(99.9\%)} = 2^{\xi} \quad (3.172)$$

同理，当 $\alpha_2 = 99.97\%$ 时，则：

$$\frac{OpVaR(99.97\%)}{OpVaR(99.9\%)} = \left(\frac{10}{3}\right)^{\xi} \quad (3.173)$$

当 $\alpha_2 = 99.98\%$ 时,则:

$$\frac{OpVaR(99.98\%)}{OpVaR(99.9\%)} = 5^{\xi} \qquad (3.174)$$

从图 3.67、图 3.68 和图 3.69 中,我们可以得到调整因子的值为形状参数 ξ 的函数。

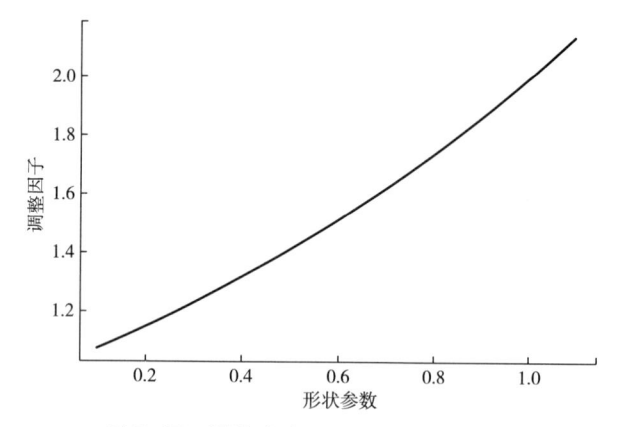

图 3.67 置信度为 99.95% 的调整因子

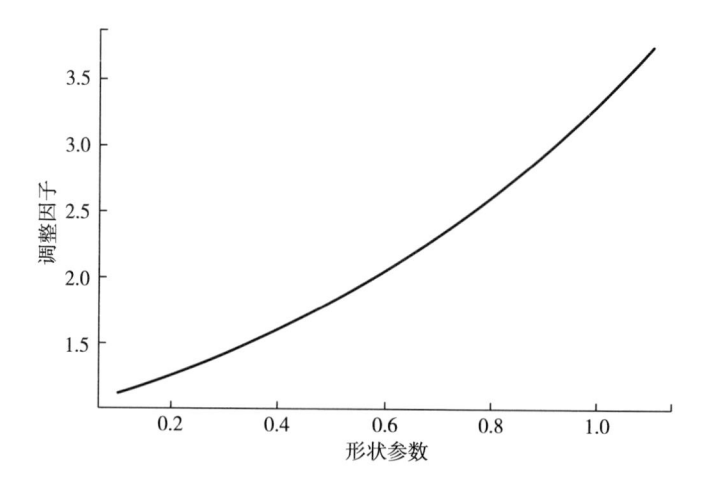

图 3.68 置信度为 99.97% 的调整因子

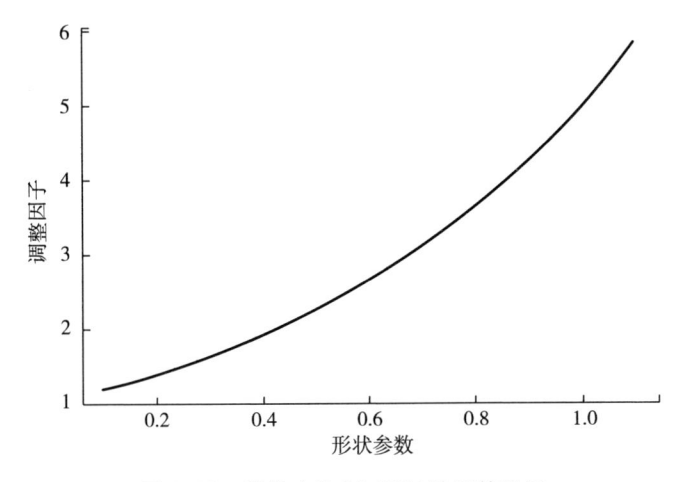

图 3.69　置信度为 99.98% 的调整因子

对形状参数 ξ，可以考虑得到的最大值（见第 3.15.4 节），即 $\xi=0.78$，由此我们可得到：

$$\frac{OpVaR(99.95\%)}{OpVaR(99.9\%)} = 1.717 \qquad (3.175)$$

$$\frac{OpVaR(99.97\%)}{OpVaR(99.9\%)} = 2.558 \qquad (3.176)$$

$$\frac{OpVaR(99.98\%)}{OpVaR(99.9\%)} = 3.509 \qquad (3.177)$$

这些值都很保守，所以我们分析作为阈值函数的形状参数的图形。

分析图 3.70，可以看出，形状参数的估计随阈值的减小而递减，直到 0.4 左右。这显示了下降前的一种稳定的行为。对于经济资本，我们分析的是尾部非常极端的部分，所以应该考虑形状参数稳定时的最高阈值。可以将阈值设置为 100 万（形状参数图中的 1 000），此时提供的形状参数约为 0.4，则调整因子应为：

$$\frac{OpVaR(99.95\%)}{OpVaR(99.9\%)} = 1.320 \qquad (3.178)$$

$$\frac{OpVaR(99.97\%)}{OpVaR(99.9\%)} = 1.619 \qquad (3.179)$$

$$\frac{OpVaR(99.98\%)}{OpVaR(99.9\%)} = 1.904 \qquad (3.180)$$

现在这些值便可用于通过监管置信度来调整操作风险资本。

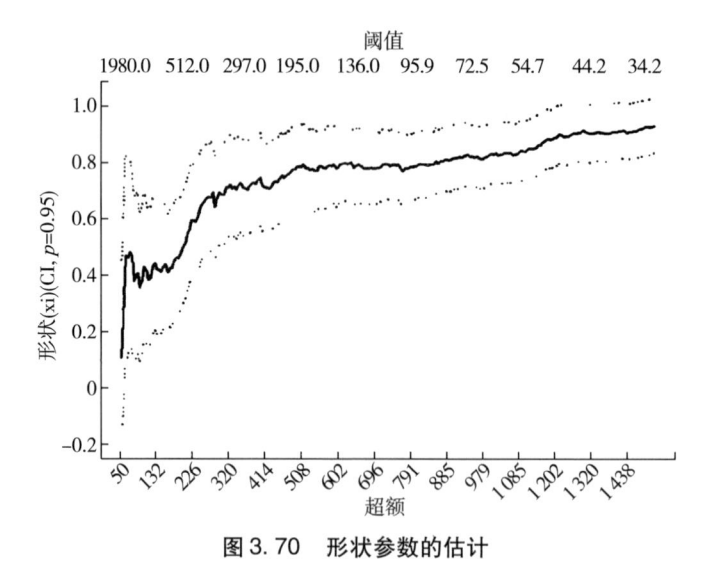

图 3.70　形状参数的估计

3.18　预算过程中操作风险的整合

一旦开始实施《巴塞尔协议Ⅱ》，在预算过程中便会考虑操作风险值，即银行要通过预算为下一年度设置目标或预测。在此，我们

第3章 损失分布方法

考虑一个结构被简化了的银行或金融机构，即只有一家控股公司和 n 个附属机构。预算过程可表述为两个不同的步骤，以便在不同时间予以实施：

1. 从上到下：控股公司设置初始目标，并向各受控的附属机构说明。
2. 从下到上：各附属机构和控股公司共同讨论该目标，并设定最终值。

同时也应对风险调整的业绩指标设置目标，如经济附加值和风险调整后报酬对风险调整后资本。这些目标的达成可能与采用的激励体系相关，所以目标值由管理层考虑。对这些业绩指标的计算包括风险值，因此操作风险资本也包括在内。从这点来看（而且也考虑经济资本），也测算了操作风险。

预算中操作风险资本值应根据所需预算年限来预测。我们认为，可以考虑下述两种方法中的任意一种：

- 预算值是基于暴露指标变化而进行的简单预测。
- 预算值设定为某些目标，以刺激操作风险管理和风险情况的改善。

第一种方法是必需的，因为操作风险的调整比市场风险和信用风险的调整更难。这是因为对于市场风险，我们可通过终止某些头寸来调整组合；对于信用风险，我们可调整风险暴露；对于操作风

177

险，除非有保险合约，否则很难做到减少暴露。

第二种方法需要一个可监控风险的操作风险函数，下属机构也应知道如何减少暴露。比如，我们可以确认如何通过改变年损失次数来调整风险资本。

第4章　保险合同分析

4.1　保险管理和风险转移

银行的风险决策大多是基于金融机构的风险偏好做出的，即其愿意承受的损失金额，或与其业务活动相适应的合理金额。当超过了设定的风险偏好时，公司将会采取干预措施，改变流程、加强控制，甚至采取退出战略。其他的干预将会专注于降低操作事件发生产生的影响（见图4.1）。

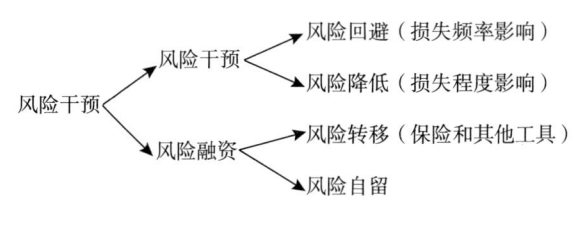

```
                  ┌─ 风险回避（损失频率影响）
          风险干预 ┤
          │       └─ 风险降低（损失程度影响）
风险干预 ─┤
          │       ┌─ 风险转移（保险和其他工具）
          风险融资┤
                  └─ 风险自留
```

图 4.1　决策安排

如果剩余的风险过高，可以考虑使用保险将风险转移给第三方，余下的风险则自行承担。

当我们开始介入集团的保险管理过程时，我们增加了内部和外部损失数据库，首先进行情景分析，然后是操作风险建模，以此来计算保险决策的影响。在过去，人们会参考业务专家和保险经纪人的经验来指导续保决策（以及风险偏好），而操作风险管理者会在决策过程中加入量化的因素。我们的支持会与其他部分的经验结合起来；如今，保险决策已是许多组织部门参与的过程结果。

操作风险分析可以促使集团的保险契约执行更为有效，在不改变风险暴露的前提下带来显著的成本节约。当前普遍接受的观点是购买具有更高免赔额（以及更高的限额）的保险，保险在理想情况下应该很少被激活，而且应该被看作必须积极管理的成本项，而不应该期望每年以溢价/赔偿的形式获得回报。

我们分析一下保险的各个部分：

1. 风险类型。要分析和降低操作风险。当剩余风险仍然太高时，我们衡量转移风险的可能性。在进行情景分析时，讨论保险的责任范围。

2. 金额。操作风险部门现在可以估计实际损失超过给定限额的可能性，而非基于经验的保单限额。

3. 免赔额。银行的内部损失分析可用来设定免赔额水平。我们相信正确的免赔额能使保险范围排除频繁发生的日常损失：高频损失对于保险公司来说是可预计的，它将在收费中收回这部分，并加上成本、利润，以及税金。

4. 保费。保险公司也要将其他因素考虑入内，如银行领域、保险、再保险市场的保费/损失的发展变化。保险公司可能会要求与理论上不同的保费。如果我们想要提高免赔额，就要应用操作风险模型估计相应的价格。

我们相信，联合信贷集团在过去的这些年里之所以成为一个更加清醒和明智的保险买家，主要归功于操作风险部门的贡献。

4.2 《巴塞尔协议Ⅱ》中的资格标准

《巴塞尔协议Ⅱ》和欧盟《资本充足率指引》（Capital Adequacy Directive，缩写为 CAD）指出，如果能够证实风险缓解的效果，监督者可以允许至多降低 20% 的最低资本要求。当然，只有实施高级度量方法的金融机构才被允许这样做。

我们在下文列出了要使资本降低作用生效，保险契约必须具备的要素，指出了给定当前保险市场，银行在履行《巴塞尔协议Ⅱ》要求时面临的挑战。这里描述和评价了主要的制约和挑战，并提出了一些解决方案。

4.2.1 保险公司的评级

CAD：……保险供应商应当具有一个最小索赔权支付能力的评级，评级由一个合法的外部信用评级机构做出。评级机构由主管机构决定，符合本指引第 78 条到 83 条下对信用机构风险加权暴露规定中，"信用质量步骤 3"或以上水平要求。

- 在CAD之前的版本中，保险公司应该至少为A级或类似的评级，这些评级代表了其索赔支付能力，换言之，代表了其履行（保险组合中）合约义务的能力。CAD的最终版本指出，评级应该由授权的外部信用评级机构做出，并应该与"信用质量步骤3"在对信用风险暴露的权重分配上相当。尽管这些评级存在一定程度的相关性，但"索赔支付能力"评级与信用风险评级是不同的评估内容。前者主要是关于保险公司的保险组合及其（再次）保险管理（有效支付最终索赔的能力）的技术性意见，后者是关于保险提供商信誉及其履行义务的能力、资本和债务结构的一般性意见。

- 关于在合同有效期内，保险公司的评级发生改变或展望为负面时的情况，CAD未做规定。

- 若有多个保险公司，它们具有不同的评级，则我们假定风险缓解影响的计算仅仅考虑达到评级要求的保险公司承保的保险范围部分。同样，CAD也未对此做出规定。

- 在我们开展业务的一些国家，没有一个保险公司达到评级要求；而在其他一些国家，只有非常少的保险公司达到了评级要求。若当地保险公司（几乎）完全将业务转让给评级为A的国际再保险人，那么风险实际上是由达到评级要求的保险公司承担了。

对评级的建议

银行需要与监管者明确保险提供商所需评级的确切性质，以及该如何处理评级差异。

对于一些国家缺乏合格的保险公司的情况，单个合同应该在适当位置明确引用再保险条款。这应该包括一种顺序向下的条款，以确保能涵盖本地保险公司破产的情况，从而即使在国内保险公司未得到评级的情况下也可以打消关于信用风险的担忧。

4.2.2 保险合同的持续时间和剩余期限

CAD：保单的初始期至少为一年。对于剩余期不满一年的保单，银行必须进行合适的扣减以反映保单剩余期的减少。对于剩余期不到 90 天或更少的保单，扣减可为 100%。

CAD 要求银行考虑保单时间不断减少的影响，直到合同到期前 90 天影响消失。这是为了反映临近到期时保险延期的不确定性。遗憾的是，大多数现有合同的保险期为一年，然后再进行续保，同时具有 30 天的注销期限；很多合同常常没有任何通知期限就在期满时直接失效。

- 保险合同正常时每年续保一次，续保时在条件上会有细微的变化，这样大多数合同和保险范围就不会出现真正的争议或存在无法续保的风险。对于具有规范的保险合约续保流程的银行而言，这不是一个大问题。
- 如果银行计算逐渐降低的影响，将发现这会导致临近到期时的风险资本增加。改变保单的续保日期，可以使银行在一定程度上实现套利，产生更高或更低的资本影响。

例如，如果所有的保单都转到年末续保，且实际上也精确地在此刻续保，则在12月31日的风险资本将得到100%的缓解。若保单在6月份续保，那么风险资本减少的程度会较低。

图4.2显示了不同的保单续保日期是如何影响风险资本的。

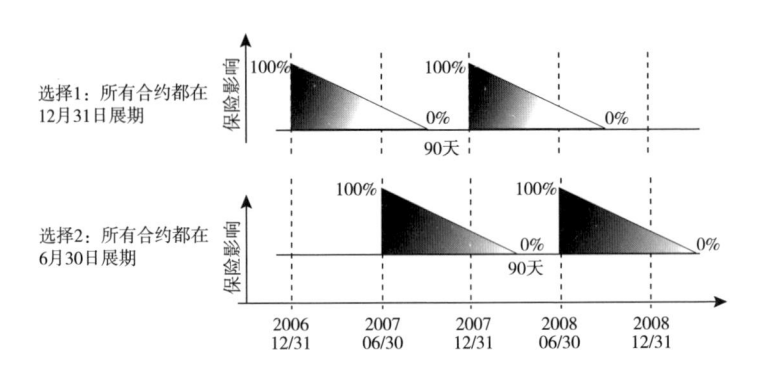

图4.2 根据 CAD 规则，保险的缓解作用随时间变化的程度

关于持续期和续保的建议

为了限制这些扣减率，我们建议投保一个多年期的保险，每年对价格进行审核，并提前一年确认续保。尽管这对于财产保险等保单而言可能可行，但对于董事和高管责任保险（D&O）等其他的风险类型或资产管理而言则较困难，在这种情况下，一年期合同是市场标准。

4.2.3 保单终止的必要条件

CAD：对于合同的取消，保单的最短通知期限为90天。

规定限制减小保单续期的不确定性。90天通知期与上述要求一致。在这里，注销期是指保险公司的终止条件。很多合同都有 30 天的注销期，没有注销期的合同也很普遍：由于保险范围在期满时终止，因而续保在任何意义上都可以看作一个全新的合同。

对于终止的建议

我们发现最佳的解决办法是签订如我们所描述的那样结构的合同。如果在市场上不存在这样的合同，银行应该至少寻求自动续期且注销期长于 90 天的保险合同。

4.2.4　索赔偿付不确定性及无效保险范围

CAD：保险确认的方法应该通过保险认可数量的折扣或扣减率来获得以下要素：

a. 如上所述不满一年的保单的剩余期。

b. 不满一年的保单的注销期。

c. 保单范围内的支付和不匹配的不确定性。

我们来看第 a 条和第 b 条。第 c 条是指因下列原因合同无效的风险，例如保单修订内容不明确，保单措辞的解释，支付保费延迟，误解，或披露信息缺失等。证明覆盖范围的有效性通常很难，因为被保险的事件一般不常发生，或者是从未直接经历。

对合同不确定性的建议

银行应该向监督者证明保险范围及支付确定性得到正确处理：

- 确认已与保险公司讨论过定义和一般保单措辞，如果可以，也要同监督者进行讨论。
- 保证当发生风险描述不完全的或存在非故意错误时，没有使合同失效的注销或弱化条款。
- 认同并记录索赔处理程序，界定程序和时间，如有可能，确立一项有特权的"快速轨道"程序。这可以是一个契约性协议，用来在整个索赔过程完成之前，及时为某些事件类别预付现金。

4.2.5 结论

据估计，传统保险只能覆盖不到10%的操作风险暴露。保险公司和监管者可以排除当前保险市场中存在的一些障碍。银行业应该寻求其他战略和工具来减轻或转移操作风险。

4.3 传统保险的实际应用

我们现在探讨金融机构普遍采用的各种类型的操作风险保险，以及如何防范《巴塞尔协议Ⅱ》中定义的风险类型的威胁。

4.3.1 覆盖金融机构操作风险的保单

如图4.3所示，市场中存在各种各样的保险，我们接下来讨论它们抵御银行风险暴露的效果。

第 4 章 保险合同分析

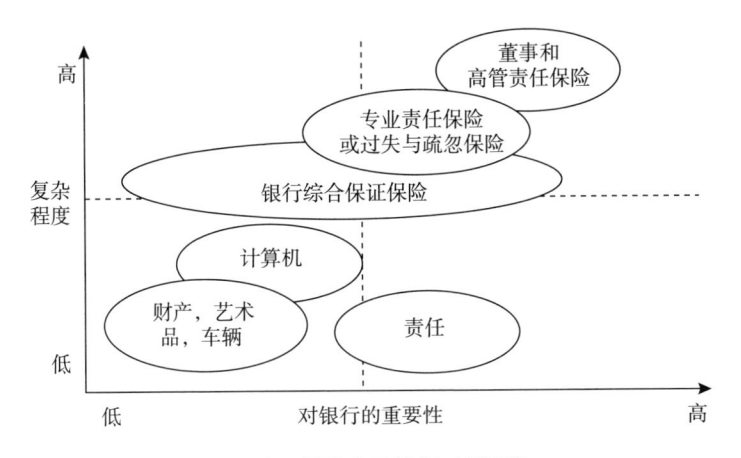

图 4.3 保险产品的相对重要性

银行综合保证保险

银行综合保证保险（BBB）保单是提供给金融机构的，用来保护金融机构免受涉及实物损失和直接损失的一系列风险。它通常包括以下部分：

- 员工诈骗（内部诈骗）。
- 贵重物品损失（抢劫、偷盗等）。
- 运输过程的损失。
- 伪造债券和文件。
- 伪造钞票。
- 与其他部分覆盖的事件相关的法定费用。
- 银行建筑物及其内部物品的破坏。
- 火灾。
- IT 系统诈骗（电子/计算机犯罪）。

187

- 安全保险箱内物品的损坏和失窃。

我们特别关注"员工"的契约定义，以确保覆盖范围包含正确的人，比如包括或排除临时员工、学生等。

专业责任保险或过失与疏忽保险

专业责任保险或过失与疏忽保险（E&O）包括由于正常商业活动中的过失或延误给第三方带来的损失，如过失、疏忽、忽略、粗心、技能不佳或者员工不遵守规章的行为。同时为了限制进一步的损失和索赔而排除这些错误或问题的成本也可以包括在保单中。

典型的除外责任是诈骗或员工的蓄意犯罪、内部交易、洗钱、误导性销售方法。其他的除外责任还可能是财政罚款、处罚或由过失或疏忽导致客户遭受的惩罚性损失。

董事和高管责任保险

董事和高管责任保险避免第三方因公司董事或高管的责任提出索赔。第三方遭受的损失只能是经济损失，排除了人身伤害或实物损害。责任可能是来自董事或高管的个人或集体行为，该行为是其代表银行履行职能、职责或任务的过程中，违反法律规定、公司章程、公司条例、公司全体会议或董事会的决议，或者由公共管理机构或政府机关颁布的规定。

一般责任保险

一般责任保险涵盖了导致第三方非经济损失（实物损害、人身伤害）的银行责任，这里的第三方是与金融机构的活动和财产相关的第三方，综合责任保险还包含了员工遭受的事故。后者也可以以专门的员工补偿程序进行保险。

财产和艺术品保险

保护银行财产的保单可能是覆盖风险的条目单或者是一切险保险。在第一种情况下，包括的风险有火灾、盗窃、故意破坏艺术品的行为、洪灾、暴动、地震等。

银行的营业场所也可以保险，不论它们是完全自有还是租借的房产。建筑物内的物品——家具、装置以及设施——也可以包括入内，并对同样的风险进行保险。

专门的艺术品保险也很常见，用来保护银行办公室和支行的收藏品。这通常包含在一切险保单合同当中。

计算机/信息技术保险

以一切险形式出现，保护银行的信息技术系统。主机、网络、许可软件、支持 IT 系统的技术系统（电源持续系统、空调等）、安全系统、火警、桌面设备和中央电话机等都可以进行投保。

4.3.2 操作事件类别和可用保险范围

为了达到资本认可的要求，银行应该记录保单对于操作风险暴露的影响。有必要将一个典型的保单与银行的风险类型关联。风险和相关的保险见表 4.1。

现有的保单应该与《巴塞尔协议 II》的事件类别联系起来，要特别注意合同的条件。基于我们的分析，我们会对《巴塞尔协议Ⅱ》的每一个操作风险类型指定市场上可用的相关保单。

表4.1 风险类型

风险类型	例子
1. 内部欺诈	未经授权的活动 偷盗和欺诈
2. 外部欺诈	偷盗和欺诈（没有内部员工参与） 系统安全问题
3. 雇佣关系与工作场所安全	员工关系 安全环境问题 多元化和歧视
4. 客户、产品和业务活动	违背适当性、信息披露和信托责任 不适当的业务或者营销活动 产品瑕疵 客户选择、业务推荐和风险暴露 咨询业务纠纷
5. 实物资产损坏	火灾、自然灾害等
6. IT系统	服务中断、错误
7. 执行、交割和流程管理	交易认定、执行和维护问题 监测和报告 招揽客户和文件记录 顾客账户管理 交易对手 外部销售方和供应方

内部欺诈：银行综合保证保险

　　银行综合保证保险一般是用来防止员工欺诈和偷窃造成的损失。银行应该查证是否在合同中包含并非为获得直接利益和个人利益的非授权交易行为。

外部欺诈：银行综合保证保险

在外部欺诈的情况下，我们的经验是银行综合保证保险会在偷窃、抢劫、伪造文件和银行记录以及其他第三方欺诈发生时提供最大范围的保护。由于具体的条件通常用于每个单独的银行综合保证保险部分，银行应该检查在合同中是否指出不同的可能事件类别。通过信息系统、网上交易或网上银行进行的诈骗也属于银行综合保证保险范围，或者以专门的计算机犯罪保险承保。

雇佣关系和工作场所安全：综合责任保险，事故/员工赔偿险，董事和高管责任保险

弥补这些事件类别损失的保险很常见。在工作场所，银行可以签署个人事故保单，工人的赔偿程序，以及一般的事故责任保险。在员工和雇主发生冲突方面，保险也是可用的，例如歧视指控或聚众滋事。这可以由雇主行为责任保险所覆盖，它通常作为董事和高管责任保险的一种延伸。

客户、产品和业务活动：过失和疏忽保险

根据我们的经验，对某些特定操作事件类别，没有合适的保险可用。由失误、疏忽或忽略导致的单个事件可以由过失和疏忽保险承保。

实物资产损坏：财产保险，银行综合保证保险，信息技术保险

大部分保单保护金融机构的资产免受损失：财产保险，银行综合保证保险的各项保险，信息技术保险，艺术品保险，等等。我们认为一个一切险保单覆盖这些事件类别的概率最大，只要保险的限额是正确的，且除外责任很少，并得到清楚描述。

IT 系统：信息技术保险

本风险类型下的部分事件可投保专门的信息技术保险，例如业务中断造成的损失。其他事件则难以用保险规避，比如通信中断。

执行、交割和流程管理：过失与疏忽保险，董事和高管责任险

对于客户、产品和业务活动事件类别而言，只要该事件是由失误、疏忽或忽略引起，则过失与疏忽保险可能会覆盖这些操作风险。在一些情况下，董事和高管责任保险会覆盖，例如当事件与业务活动不严格相关时，或者当事件是由管理不充分（监督责任）造成的时候。

表 4.2 概括了风险类型和保险类型之间的关系。各种风险类型之间的区分与传统的保单类别的区分有时候相差甚远。根据我们的经验，与一种类型风险相对应的保险类型不止一个，反之亦然。并且，当一个保险政策表示一个事件类别时，该保险并不一定覆盖所有的该风险类型下的事件。

我们发现很难找到完全规避了监管机构定义的操作风险的保单。用来计算保险缓解租用的模型必须考虑大量的保单和情况。

表 4.2　风险类型和保险类型间的联系

部分事件类别	可通过以下保险覆盖
1. 内部欺诈	银行综合保证保险
2. 外部欺诈	银行综合保证保险,计算机犯罪保险
3. 雇佣关系与工作场所安全	一般责任保险,事故/工人赔偿险,董事和高管责任保险
4. 客户、产品和业务活动	过失与疏忽保险
5. 实物资产损坏	银行综合保证保险,财产保险,信息技术保险,艺术品保险……
6. IT 系统	信息技术保险
7. 执行、交割和流程管理	过失与疏忽保险,董事和高管责任保险

第 5 章　声誉风险管理

5.1　声誉风险介绍

声誉风险及操作风险的建模是完全相关的。操作损失通常具有声誉影响，影响声誉风险的管理决策会增加声誉风险暴露。金融机构通常将二者结合起来加以控制并管理。

在建模之前，我们先回顾一下声誉风险的定义。《巴塞尔协议Ⅱ》中并未包含声誉风险，仅作为一项可能的附加风险包括在第二支柱中。目前，还没有被监管者或金融业所广泛接受的有关声誉风险的正式定义。尽管有些监管机构已经给出了一种定义，却没有被所有的监管者普遍采用。在个别公司的财务报表中有可能找到一种专用的声誉风险定义。为了正确建模，我们需要对其加以定义。声誉风险是在市场中危害机构信誉的风险。声誉风险的关键要素是特定事件所产生的影响，这些特定事件可能会损害用户对一家公司的可靠性、服务质量、管理公平性或者信誉的看法。负面的或变差的看法会从公司自己的员工和客户扩展到金融市场、投资者、股东、同行、政府以及监管者。因此，声誉风险可以说是金融机构将面临的最糟糕的风险类型。当前，声誉风险可能源于具有高融资风险或有争议的行业，如核电站工程，在新兴市场国家采矿，或者武器制造，也有可能来自金融部门的典型风险暴露，从洗钱和内部欺诈（这两者同时具有声誉风险和操作风险影响）到具有信用、声誉和操作风险影响的产品销售或服务中断，这也同时具有声誉和操作方面的双重影响。这不仅表明了声誉风险和操作风险是如何严格相关的，也显示了信用风险和市场风险是紧密联系的（边界风险的概念，见图 5.1）。这些事件中的某些肯定会引起媒体的广泛关注，管理层将承受来自监管者和市场的压力，公司的股票价格也可能受到影响。于是管理层将受到来自股东、监管者和评级机构的进一步压力。

声誉风险				
市场风险	信用风险	流动性风险	操作风险	其他风险

图 5.1　声誉风险模型

度量声誉风险暴露并不简单。第一个挑战是将单纯的声誉影响与其他风险类型区分开来。要从信用风险、市场风险或操作风险中识别出具体的声誉风险构成，需要有内部准则，以避免过度的后果或资本要价过高。当正确地设定了识别声誉风险构成的规则后，第二个挑战将是确定可接受的风险资本数额。我们会在下文讨论其他可用的方法。

根据声誉风险的定义，我们强调声誉风险建模还不是一个根基良好的领域，尽管近年来就该领域发表的文章越来越多，研究的数目也有所增长。

我们认为，从完整性考虑，简要地看看一家公司是如何管理声誉风险的非常有用。根据我们的经验，评估声誉风险影响是控制和管理决策过程的关键因素。

5.2 金融机构的声誉风险暴露

声誉风险是当今市场中金融机构所面临的最大风险，对于上市公司而言尤其如此，因为当一件具有重要和广泛影响的事件发生时，会不可避免地影响到股票价格，并给管理层带来巨大压力。而且有时其他金融机构发生的事件也可能影响到整个行业，因为市场可能认为整个行业都暴露在相似的风险之下。下文列出了声誉风险事件可能产生的影响。

- 公司股票价格下跌。这既可能持续较短的时间，也可能产生更长、更持久的影响，这取决于公司的声誉风险管理流程，其与金融市场和监管机构的沟通能力，以及为了减少或处理这些问题而做出的选择。公司也必须认识到，努力持续地管理声誉风险长期影响着公司在投资者和消费者心目中的信誉、公司产品和服务提供的可持续性、监管机构的认可、评级机构的评估，以及公司的最终盈利能力。
- 对于很多声誉事件，业务和收入的损失是最直接、通常也是长期性的影响，因为这会导致客户转向其他的服务提供商，并为赢得咨询委托带来困难，因为市场更偏好其他金融机构。此外，要重新赢得客户的信任和市场信心将要付出更高的代价。

- 对公司的形象和品牌也可能产生相关影响，这要求公司进行检讨，开展宣传攻势以改变或调整公司标识、广告策略以及市场沟通策略等。声誉风险事件还可能迫使公司退出某些市场，从而完全注销公司的资产和损失。
- 某些声誉事件可能会影响员工对公司战略或信用的信心，导致消极怠工或员工离职率提高，且难以吸引重要资源。
- 某些声誉事件可能招致更严格的市场监督，使得监管机构和评级机构要求公司披露更多的信息，以及提供质量控制及可靠性的保证，从而增加了用于进行内部控制的员工和机构的成本。

我们认为，企业应该清晰地分析和评估声誉风险的财务影响（见第5.4节风险度量），向管理层提供对极端事件或关键事件的估计，这样才有可能确定一个合理的声誉风险管理战略并建立相应的流程。接下来，我们会指出如何建立声誉风险政策，这是声誉风险管理流程的基础。

银行应该评估其面临的声誉风险，确定受特定事件影响最大的服务和业务。我们首先应该列出潜在的破坏声誉的事件和可能造成相关问题的业务领域。我们建议银行考虑下列内容，并保证流程经理和业务经理也了解该内容。

1. 内部和外部欺诈及贿赂，包括高级管理人员参与的案例。

2. 违反法律和法规或反垄断行为，尤其应注意客户对公司提起集体诉讼的风险，或可能被吊销银行业务执照或其他业务执照的可能。

3. 关键服务（如柜员机、结算或网上银行）的中断或故障，客户对账单上的信息错误，或执行延迟。

4. 外部采办合同和管理——这尤为关键，因为这可能影响到提供给客户的服务，或者影响到公司的形象，这取决于在执行外购策略时采用的标准和逻辑。

5. 涉足受到媒体和非政府组织高度监管的行业（如核能融资），影响信用担保。

6. 公司的环境政策（主要关注能源和可再生资源）的制定标准和投资，以及核实公司的雇佣政策在员工招聘和管理中采取了反歧视措施。

根据我们的经验，必须对受到媒体监督的、因产业部门融资而产生的相关声誉风险给予特别关注，这与这些部门对环境的影响有关。还应该关注其他有争议的热点问题，如核电站的开发，含铀等原材料的开采，石油和天然气钻探，管道和炼油厂建设，或者军用或民用武器的制造。

5.3 声誉风险管理的政策性问题

管理声誉风险时，我们认为首要任务是制定一项内部声誉风险政策，概要描述管理声誉风险的一般流程。该政策应该指出组织中的角色和责任，包括董事会及管理委员会。它还应该界定权利和责任、风险限制和需要董事会批准的事件，以及管理层和董事会的风险控制结构。根据我们的经验，政策越详细，则要求更新越频繁。我们建议编制一个相当详细、条理清晰的文件，明确地阐述组织的责任。董事会必须直接参与声誉风险的控制和管理。

该政策应该确定负责批准对声誉风险敏感的融资、工程、产品或投资，以及处理关键情况的内部职能部门。建立专门的委员会是一个可行的解决方案，但我们发现在这种情况下，管理委员会的相关成员越少，效果越好。其他可能的方案包括临时业务委员会，增加已有控制部门的责任，如风险委员会或资产和负债委员会，或者建立一个专门的声誉风险部门。该政策应列出需要委员会或董事会参与的情况和例外情况。

我们提到了建立内部专门的声誉风险部门的可能性，与市场部门类似，负责控制信用或操作风险。《巴塞尔协议Ⅱ》的执行促使银行进行大量投资，以强化现有的控制流程，建立操作风险管理部门，强化或干脆重新构建合规机构。这需要对人、信息技术系统和咨询支持进行大量投资，还需要进行流程再造、额外培训、专门的内部沟通。我们认为对声誉风险控制而言，这可能为时尚早，甚至可能造成与其他控制职能部门的混淆。但反过来说，建立一个专门的声誉风险部门可能会更有效，由该部门细化声誉风险的控制政策，定义各种角色，以及处理内部审计、风险管理、合规等其他内部风险控制部门之间的互动。有必要建立一个内部协调参考部门来监控声誉风险暴露情况。可能的方案是排除现有控制部门的职责，包括声誉风险。建立操作风险管理部门可能是一条简单而合理的途径，因为它已经控制了造成声誉风险的事件。另外，建立合规部门也是合适的方案。

5.4 声誉风险度量

声誉风险的度量与操作风险的度量有很多相似之处。欺诈、系统中断、员工歧视、激进型产品销售，以及其他操作事件类别都可能造成声誉影响。可以应用与操作风险建模类似的方法：一旦定义了特定的声誉事件，只要证实了声誉风险事件是选自操作风险计算数据集的，就可以运用类似的方法。但是，我们认为这并不一定是声誉风险建模的最佳方法，因为两者影响不同。声誉风险导致的不仅仅是损失，它所产生的影响远远超出收益和损失账户所能记载的范围。因此我们使用其他的方法，接下来会对这些方法加以说明，并给出一些例子，以及我们关于该方法的优势和缺陷的分析。

声誉风险与其他风险类型——市场风险、信用风险、操作风险、业务风险——是相关联的，要认定声誉风险资本的构成要素并不容易。我们提出三种方法。第一种方法是使用股票价格波动性导出的模型，如套利定价理论（Arbitrage Pricing Theory，缩写为 APT）中的方法。第二种方法是一种基于情景的方法，这与定性操作风险模型类似。第三种方法是使用计分卡方法，通过定性评估得出风险度量值。

5.4.1 以股票价格波动性为函数的声誉风险

我们从度量声誉风险对公司的股票价格的影响入手。

假定声誉事件会直接影响公司的市场价值，则此方法只能用于上市金融机构，这是此方法的一个局限。公司的声誉风险与其市场价值之间的相互关系显示，公司的股票价格等于其将要产生的现金流的预期折现值。如果股东对公司的管理层和产生未来现金流的能力没有信心，那么股票价值将下跌。

然后，我们定义研究股票价格中包含的声誉风险经济计量指标，并度量声誉风险资本。

假定采用市场效率波动性的假设，公司股票价格将反映新发布的消息，包括声誉类事件。我们用一个基于套利定价理论的多因子模型来估计声誉事件的影响。

在其初级版本中，声誉风险模型将股票 i 在时间 t 时的收益 R_{it} 与一组市场投资组合的收益 $R_{(Mkt,t)}$ 关联起来：

$$R_{it} = \alpha_i + \beta_i R_{(Mkt,t)} + \varepsilon_{it}$$

其中：

- α_i 是 R_{it} 当中无法由 $R_{(Mkt,t)}$ 解释的部分。
- β_i 度量的是 R_{it} 对 $R_{(Mkt,t)}$ 的变动的敏感度。
- ε_{it} 是股票 i 在时间 t 时的剩余期。

这个简单的声誉风险模型将股票收益仅与整个市场相关联，且不允许将声誉风险的组成部分与其他市场股票价格驱动因素分开。为确定声誉风险因素，将变量 $R_{Bank,t}$ 和变量 $R_{Rep,t}$ 包含在内，其中变量 $R_{Bank,t}$ 代表了机构所在的行业部门，变量 $R_{Rep,t}$ 反映了假设的声誉

第 5 章 声誉风险管理

事件。$R_{Rep,t}$ 是一个二分变量,当声誉事件在时间 t 发生时,为 1,在其他情况下为 0。股票 i 的价格在时间 t 的收益 R_{it} 用以下公式表示:

$$R_{it} = \alpha_i + \beta_{i1} R_{(Mkt,t)} + \beta_{i2} R_{Bank,t} + \beta_{i3} R_{(Rep,t)} + \varepsilon_{it} \qquad (5.1)$$

其中,向量 β_i 的各个分量解释了 R_{it} 对相应因素变动的敏感度。

当给定 $R_{Rep,t}$ 的定性类型时,其概率分布函数可以通过概率或对数模型来确定。若使用对数模型,则概率分布函数 F 由以下公式确定:

$$F(z) = \varphi(z) = \int_{-\infty}^{z} \frac{1}{\sqrt{2\pi}} \exp\left(-\frac{1}{2}t^2\right) dt, \ z = (\beta' x_i)$$

其中,z 是通用的二元变量,x_i 是因变量的向量,β' 是未知因数的向量。

若使用对数模型,则累计分布函数由下式给出:

$$F(z) = \Lambda(z) = \frac{e^z}{1+e^z}$$

一旦模型确定并在统计上得到验证,我们就确定了声誉风险资本(VaR_{Rep}),如下。

我们首先计算公司的市场价值,由 N_{it} 导出的变量 Y_{it},等于证券 i 的流通股数量乘以其股价 X_{it}:

$$Y_{it} = N_{it} \times X_{it}$$

基于我们所考虑的时间范围,我们得到两个不同的声誉风险资本。于是，声誉风险资本由下式计算而得：

$$VaR_{Rep} = \delta \times Y \times \beta_+$$

其中：

- $\delta = \beta' x_i$。
- $\beta_+ = t_{\frac{\alpha}{2}} \sigma(\hat{\beta} R_{Rep,t})$。
- σ 是标准差。

为了度量风险资本，我们必须计算 δ 的值，我们将 R_{Rep} 看作第一个模型中的因变量。当向量 β 估算出来时，δ 代表的 R_{Rep} 可用概率或对数模型进行测量，我们将声誉风险资本估算为收益方差的函数。

若我们考虑的时间范围更长，则声誉风险资本可由下式计算得出：

$$VaR_{Rep} = Y \times \beta_+ (\varphi_{1-\alpha}^{-1} \times \hat{\sigma}_{\text{MKTINDEX}})$$

其中，$\hat{\sigma}_{\text{MKTINDEX}}$ 是市场波动性估值。

我们将上文描述的模型应用到一个示例中。我们来看一个发生在 2007 年的涉及上市银行 Italease 的真实声誉事件。Italease 银行的困境始于 2007 年 5 月：据报道，首席执行官卷入了一起房地产投资商从事的欺诈活动，并在 3 月份因伪造破产和挪用资金的指控而被逮捕。该新闻导致 Italease 银行的市场份额下降。随后它又遭遇了另一件更具破坏性的声誉事件：向客户销售的衍生品造成大约价值 6

亿欧元的损失。

看看 Italease 银行的股票价格表现会非常有意思：就在 2007 年 5 月的前几天，股票的交易价格是 45 欧元，然而到了 8 月 20 日，即新董事长上任之前，股价跌至 13 欧元，其市值跌幅达 70%。

下面是从彭博社的网站摘录的事件：

1. 2007 年 3 月 2 日：意大利房地产投资商达尼洛·科波拉（Danilo Coppola）因涉案被逮捕。

2. 2007 年 5 月 3 日：Italease 银行首席执行官马西莫·法恩莎（Massimo Faenza）卷入达尼洛·科波拉的犯罪指控调查中。

3. 2007 年 6 月 1 日：Italease 银行的股票下跌了 13%，起因是公司宣布客户可能将蒙受 4 亿欧元的损失。

4. 2007 年 6 月 7 日：马西莫·马泽加（Massimo Mazzega）被任命为 Italease 银行的首席执行官。

5. 2007 年 6 月 8 日：Italease 银行宣布客户的潜在损失在两周内增加了 50%，即从 4 亿欧元上升到 6 亿欧元。

6. 2007 年 6 月 12 日：意大利最有代表性的报纸之一《共和国报》报道，Italease 银行因其衍生品销售接受意大利市场监管机构 Consob 的调查。

7. 2007 年 6 月 29 日：Italease 宣布关闭 4/5 的与交易对手银行的衍生品仓位。

8. 2007 年 7 月 24 日：意大利银行要求更换 Italease 银行董事会。

9. 2007 年 7 月 25 日：Italease 银行宣布，根据意大利银行的估计，其与客户签订的衍生品合同将为其带来 5 亿欧元的损失。

10. 2007 年 8 月 14 日：穆迪将 Italease 银行的评级由 BAA3 降至 BA1，这是非投资级的最高评级。

11. 2007 年 8 月 20 日：据意大利媒体 Radiocor 报道，利诺·贝努西（Lino Benussi）被任命为 Italease 银行新任董事长。利诺·贝努西是意大利联合商业银行的前任联席 CEO。

12. 2007 年 8 月 21 日：利诺·贝努西被任命为 Italease 银行的新董事长后，其股票上涨 9.6%。

我们分析了 Italease 银行在 2006 年 1 月 1 日至 2007 年 9 月 4 日期间的股票价格状态。图 5.2 显示了完整的历史时间序列，整个 2006 年和 2007 年的前几个月都呈现上升趋势。图的最后部分显示了银行股票价格下跌。

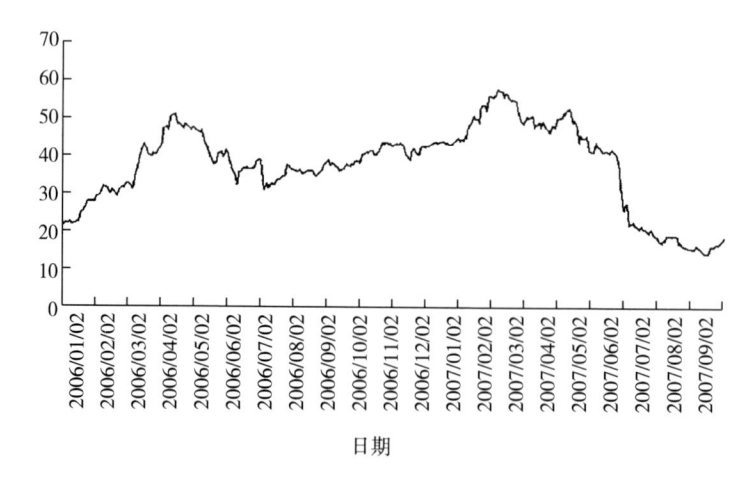

日期

图 5.2　Italease 银行的股票价格

更有趣的是图 5.3，我们只考虑 2007 年 4 月 18 至 2007 年 9 月 3 日这段时间。如果我们看看第一个声誉影响事件报告之日（见上述历史事件介绍）前 10 个交易日的数据，以及 8 月 20 日后 10 个交易日的数据，则 8 月 20 日可以设为丑闻事件的结束日期。

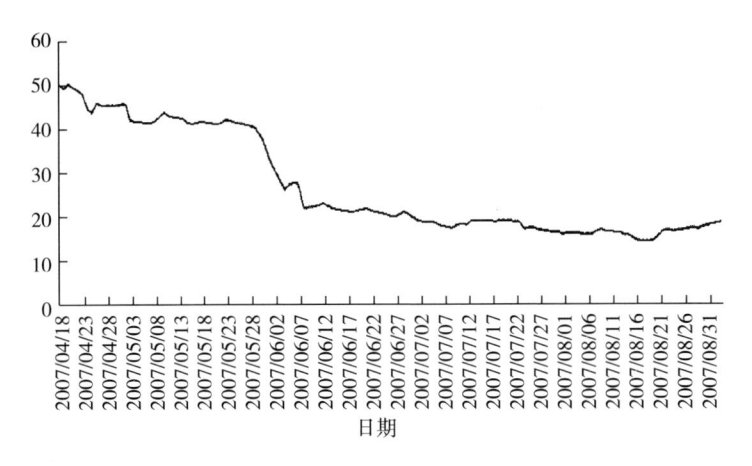

图 5.3　Italease 银行在丑闻期间的股票价格

我们还分析了 Italease 银行在 2007 年 4 月 18 日至 2007 年 9 月 3 日之间的股票价格。

- 在 5 月 2 日至 5 月 7 日之间，股票价格下降了 11%，仅 5 月 3 日就下跌了 8.5%，这是由于马西莫·法恩莎卷入了达尼洛·科波拉的欺诈案调查导致的。
- 5 月 8 日至 5 月 24 日期间非常平稳，股票价格没有明显变化。
- 5 月 24 日至 6 月 8 日是最关键的时期。股票价格下跌了 48.6%，而包含意大利最大的 40 家公司的市场指数 SPMIB 仅下跌 2.8%。最坏的表现是在 5 月 31 日至 6 月 4 日期间，在这期间，仅仅两个交易日中，股价即从 36.1 欧元跌至 25.19 欧元，仅 6 月 8 日，即从 26.9 欧元跌至 21.15 欧元。

我们可以轻易地将这些糟糕表现与上文描述的事件 3 和事件 5 联系起来。

- 在 6 月 12 日至 8 月 17 日之间发生了另一次严重的股价下跌，比前一次更低，但跌幅稍小，表现为 39% 的跌幅，即从 21.85 欧元跌至 13.56 欧元，最低点出现在 8 月 17 日，此时 Italease 银行的股票价格跌至 2006 年 1 月 2 日以来的最低点，同时 SPMIB 仅下跌 7.6%。

我们把 Italease 银行与其他上市公司进行比较。如图 5.4 和图 5.5 所示，首先标出 2006 年 1 月 1 日至 2007 年 4 月 9 日之间及 2007 年 4 月 18 日至 2007 年 9 月 3 日之间米兰的 SPMIB 指数。

Italease 银行股价在 2007 年 4 月 18 日至 2007 年 9 月 3 日期间出现了 65% 的下跌，但 SPMIB 指数仅仅下跌 7%。Italease 银行股票价格的变化很可能源于被报道的声誉事件。

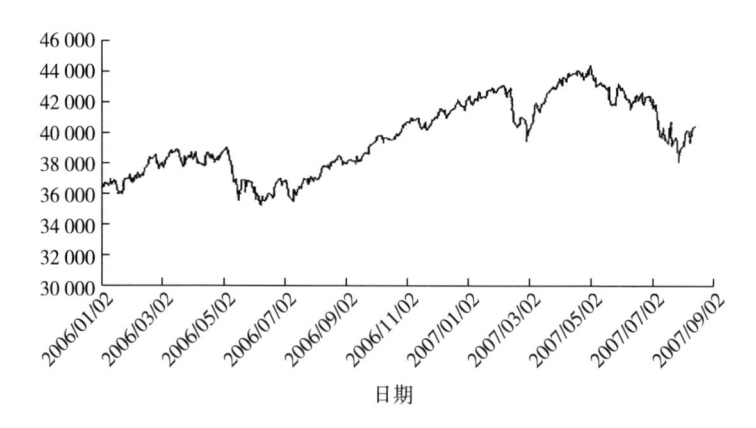

图 5.4　SPMIB 指数

第 5 章 声誉风险管理

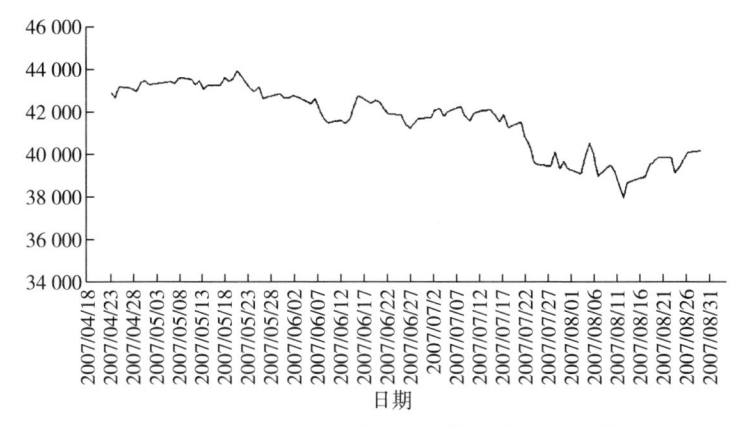

图 5.5 在 Italease 银行发生丑闻期间的 SPMIB 指数

我们对 Italease 银行的股票市场价值、Eurostoxx 50 指数和 Eurostoxx 银行指数进行了回归分析。我们考虑的是欧洲市场指数，而不是意大利国内的指数，以使用与整个金融业有关的信息（见表 5.1 和表 5.2）。

Eurostoxx50 由欧洲最大的金融公司和非金融公司组成。任何一家公司的指数权重都不超过 5%，最小的是家乐福（0.799%），最大的是英国石油公司（4.84%）。

表 5.2 列示了 Eurostoxx 银行指数的组成，其中包含了 42 家银行。

为了将声誉因素考虑在内，我们在声誉事件发生时引入一个虚变量。我们考虑三个声誉事件，分别发生在 2007 年 6 月 1 日、2007 年 6 月 8 日和 2007 年 6 月 12 日。应用式（5.1），$R_{Mkt,t}$ 是 Eurostoxx 50 指数，$R_{Bank,t}$ 是 Eurostoxx 银行指数。虚变量仅在指出的三个时期中等于 1。

表 5.1 Eurostoxx 50 指数

名称	在指数中的权重（%）
ABN AMRO Holding NV	1.957
Allianz SE	2.076
Anglo American plc	1.825
Assicurazioni Generali SpA	1.072
AstraZeneca plc	1.612
Aviva plc	0.803
AXA SA	1.565
Banco Bilbao Vizcaya Argentaria SA	1.773
Banco Santander SA	2.455
Barclays plc	1.716
BASF AG	1.44
BHP Biliton plc	1.567
BNP Paribas	1.929
BP plc	4.84
BT Group plc	1.17
Carrefour SA	0.799
Credit Suisse Group	1.479
DaimlerChrysler AG	1.937
Deutsche Bank AG	1.422
Deutsche Telekom AG	1.218
Diageo plc	1.261
EON AG	2.513
ENI SpA	1.88
Fortis	1.039
France Telecom SA	1.177
GlaxoSmithKline plc	3.561
HBOS plc	1.488
HSBC Holdings plc	4.608
ING Groep NV	1.853
Koninklijke Philips Electronics NV	0.99
Lloyds TSB Group plc	1.322
Nestlé SA	3.758
Nokia OYJ	2.977
Novartis AG	2.915
Rio Tinto plc	1.668
Roche Holding AG	2.727
Royal Bank of Scotland Group plc	2.302
Royal Dutch Shell plc	3.258
SAP AG	1.099
Siemens AG	2.301
Société Générale	1.575
Suez SA	1.345
Teletonaktiebolaget LM Ericsson	1.206
Telefonica SA	2.319
Tesco plc	1.521
Total SA	3.825
UBS AG	2.142
UniCredito Italiano SpA	1.81
Unilever NV	1.153
Vodafone Group plc	3.751

表5.2　Eurostoxx 银行指数

名称	在指数中的权重（%）
ABN AMRO Holding NV	8.232
Allied Irish Banks plc	2.078
Alpha Bank AE	1.216
Anglo Irish Bank Corp plc	1.285
Banca Carige SpA	0.214
Banca Monte dei Paschi di Siena SpA	0.714
Banca Popolare di Milano Scarl	0.532
Banco Bilbao Vizcaya Argentaria SA	7.456
Banco BPI SA	0.258
Banco Comercial Portugues SA	1.411
Banco de Valencia SA	0.299
Banco Espirito Santo SA	0.493
Banco Pastor SA	0.188
Banco Popolare Scarl	1.389
Banco Popular Espanol SA	1.264
Banco Sabadell SA	0.858
Banco Santander SA	10.329
Bank of Greece	0.174
Bank of Ireland	1.624
Bankinter SA	0.332
BNP Paribas	8.106
Capitalia SpA	1.353
Commerzbank AG	2.215
Credit Agricole SA	2.515
Depfa Bank PLC	0.621
Deutsche Bank AG	5.977
Deutsche Postbank AG	0.539
Dexia SA	1.455
EFG Eurobank Ergasias SA	0.956
Erste Bank der Oesterreichischen Sparkas	1.46
Fortis	4.383
Intesa Sanpaolo SpA	6.424
KBC Groep NV	2.009
Mediobanca SpA	0.739
National Bank of Greece SA	2.637
Natixis	0.721
OKO Bank plc	0.255
Piraeus Bank SA	1.033
Raiffeisen International Bank Holding AG	0.561
Société Générale	6.606
UniCredito Italiano SpA	7.622
Unione di Banche Italiane SCPA	1.467

回归分析并不能产生正结果。对于倍数 R^2 的系数我们得到了一个很小的值：0.014。因此仅 1% 的 Italease 银行收益的变异性可以由此模型来解释。鉴于统计结果较差，我们认为用这个方法计算声誉风险资本无多大价值。得到的统计结果不满意，这强化了我们对于声誉风险建模的观点：我们相信定性的方法可以产生更高的拟合度。

定性法是一种普遍使用的方法，因为它基于与市场价值的可能关联，尽管结果可能具有误导性。从股票价值来看，要从影响一家公司的重要因素当中找出声誉部分是一项艰难的任务，因为这可能会受到其他风险类型和其他起作用的力量的影响。

考虑到声誉事件的性质，有人可能会把这个模型与一些定性成分相结合。纽约声誉协会的声誉商数（Reputational Quotient）是一个有用的工具：该商数在评估公司的市场价值时考虑了投资者、客户和员工的意见。

5.4.2　使用情景方法度量声誉风险

在探讨其他度量声誉风险的方法时，我们开发出了一种基于情景的方法。

所谓情景，就是尚未发生但可能影响银行的假定事件。每个情景评估可以通过与管理层的广泛面谈来实现。一个完整的情景分析的步骤如下：

- 个人风险和关键流程认定。
- 情景定义。
- 情景估计。

- 最终评估。

由于情景分析不可能在所有的流程中进行，我们必须起草一份优先级列表，检查风险暴露，从风险的角度对流程进行排序。这将与市场环境的评审及其如何影响市场金融状况的评估相结合，因为在特定时间内，某些市场或流程类型的风险暴露可能非常高。我们还考虑了风险指标、损失趋势以及市场状况，分析外部事件，并将审计者和专家的建议考虑在内。

考虑到在面谈过程中，我们进行了定量估计，因此这非常重要。我们收集了以下信息：

- 证实当情景事件发生时，存在恰当的控制手段。
- 试图估计这样的事件可能发生的概率，作为年发生频率。
- 确定情景可能造成的平均损失额。
- 估计情景事件的最大损失额。
- 检查是否存在保险。
- 收集风险减轻的建议和其他方法。

这些信息（如年发生频率、平均损失额、最大损失额、保险范围）在之后用来计算选定情景的声誉风险资本。至于操作风险，我们使用一个精算模型，使用面谈中收集到的信息来估计损失程度和频率分布。

更多的细节如下：

- 使用年平均频率来估计频率分布。
- 使用平均损失额和最大损失额来估计损失程度分布。
- 通过蒙特卡洛模拟得到年损失分布。
- 用保险范围来校正该分布。
- 计算预期损失，作为年损失分布均值（或中值）。
- 计算非预期损失，作为固定置信水平（如99.9%）下的各分位点和预期损失之间的差异。

然后，我们确定统计方法来估计损失程度和频率。

年事件发生频率用泊松分布来估算，参数为 λ。概率质量函数如下：

$$\Pr(N=n) = p_n = e^{-\lambda}\frac{\lambda^n}{n!} \tag{5.2}$$

程度可用韦布尔分布来估计，采用以下概率密度函数：

$$f(x;\theta,\tau) = \frac{\tau(x/\theta)^\tau \exp(-(x/\theta)^\tau)}{x} \tag{5.3}$$

将韦布尔分布的参数用平均值和99.9%分位数代入：

$$f(x;\theta,\tau) = f(x;\mu,q_{99.9\%}) \tag{5.4}$$

该分布的系数将用实验中损失数据的均值和最大值来估算：

$$\hat{\bar{X}} = \frac{1}{n}\sum_{i=1}^{n} x_i \tag{5.5}$$

$$\widehat{F}_X^{-1}(0.999) = \max(x_1, \cdots, x_n) \tag{5.6}$$

从问卷中获得的平均值和最大值作为第 99.9% 分位数，使用以下公式转换为韦布尔分布的形状参数和尺度参数：

$$\frac{\overline{X}}{F_X^{-1}(0.999)} = \frac{(3 \cdot \ln 10)^{\frac{1}{\theta}}}{\Gamma(1 + \frac{1}{\theta})} \tag{5.7}$$

$$\tau = \frac{\overline{X}}{\Gamma(1 + \frac{1}{\theta})} \tag{5.8}$$

其中：

$$\Gamma(t) = \int_0^{+\infty} x^{t-1} \cdot e^{-x} dx \tag{5.9}$$

将程度和频率结合起来，我们得到年损失分布。损失分布描述了持有期间（一年）内的总损失分布 S，集合单个损失程度 X 得到：$S = \sum_{i=1}^{N} X_i$。该模型运用了蒙特卡洛方法。重复以下步骤，实现 J 次实验（$J >= 1\,000\,000$）：

1. 频率是通过从分布中抽样来估计的，获得的实现是一年中的损失事件的数量。
2. 从程度分布中获得了一定数量的独立实现，即上一步模拟的事件数量（当不为零时）。
3. 复合损失是上一步中模拟出的单个损失的加总。

我们得到模拟年损失的一个样本:$[s_1,\cdots,s_J]$。如果存在适当的保险,就可以将一个乘积因子用于模拟的年损失样本,从而将保险考虑在内。我们假设年损失的一定百分比 α 可以被追偿($0\% \leqslant \alpha \leqslant 100\%$),则年损失样本调整如下:

$$[S_1^{\text{ins}} = s_1 \cdot (100\% - \alpha), \cdots, s_J^{\text{ins}} = s_J \cdot (100\% - \alpha)] \quad (5.10)$$

从年损失分布中得到作为 99.9% 置信度下分位数的风险资本(风险价值)。若我们将损失 $s_j^{\text{ins}}, j = 1, \cdots, J$ 按升序 $s_{(1)}^{\text{ins}} \leqslant s_{(2)}^{\text{ins}} \leqslant \cdots \leqslant s_{(J)}^{\text{ins}}$ 排序,则可确定风险价值为:

$$VaR_{99.9\%} = F_s^{-1}(99.9\%) = \inf\left\{s_j^{\text{ins}} : \frac{j}{J} \geqslant 99.9\%\right\} \quad (5.11)$$

预期损失可以以样本 $[s_1^{\text{ins}}, \cdots, s_J^{\text{ins}}]$ 的均值(或中值)表示,而非预期损失则以风险价值和预期损失之差来计量:

$$UL_{99.9\%} = VaR_{99.9\%} - EL \quad (5.12)$$

如果计算了不止一种情景,则需要把结果加总得到总的风险资本。假设我们计算了 n 种情景,则基于完全相依性假设下的总风险资本即为所有风险价值之和:

$$VaR_{99.9\%}^{\text{TOT}} = \sum_{i=1}^{I} VaR_{99.9\%}^i \quad (5.13)$$

其中 $VaR_{99.9\%}^i$ 为情景 i 下的风险价值,而 $VaR_{99.9\%}^{\text{TOT}}$ 为总的风险价值。

此假设可能过于保守。设定各个情景相互独立则更为现实。在

第5章 声誉风险管理

这种情况下，以随机顺序逐期添加各种情景下获得的模拟年度损失样本即可。因此得到在独立结果下的年度损失分布：

$$\left[s_1^{\text{TOT}} = \sum_{i=1}^{I} s_1^i, \cdots, s_J^{\text{TOT}} = \sum_{i=1}^{I} s_J^i \right] \quad (5.14)$$

其中 s_j^i 为模拟年份 $j = 1, \cdots, J$ 关于情景 $i = 1, \cdots, I$ 的年度损失。

假设各情景之间具有中度相依性（处于相互独立和完全相依之间）是有可能的，使用的是 Copula 函数。这种情况更加复杂，因为还有必要评估各情景之间的相关性。

一旦完成情景分析，则必须将结果告知相关部门，指出潜在的损失和缓解风险的建议。

我们认为，可以通过情景来评估信用、市场和操作事件，然后利用考虑了声誉风险影响的乘积因子来调整结果。或者，我们也可以通过情景来评估所有的风险类型，除去与声誉风险无关的部分。为了得到乘积因子，最简单的方法是准备一个代表不同流程中声誉风险暴露的网格。我们试验了两个因子，一个用来调整损失程度，一个用来校正频率。在列出存在声誉风险暴露的领域后，我们对其进行描绘，并使用问卷或其他方式从频率和程度的角度对风险进行分类。当能够估计操作风险、市场风险或信用风险的损失时，就可以用这些声誉乘积因子来校正结果。

然而，我们需要评估的不仅仅是具有毁灭性事件的直接影响，还包括间接影响。并且，我们认为对于流程负责人来说，这可能会很难，他们最有可能对影响流程的事件的直接后果进行评估。

217

5.4.3 基于计分卡的声誉风险评估模型

至于其他的控制评估职能，如内部审计、操作风险、服务层控制或客户满意度调查，我们发现问卷或计分卡也可用于操作风险的度量。在我们看来，事实证明，经由管理者、流程负责人、客户或是业务专家填写的加权问题列表相当有用，它指出了声誉类型事件的多方面影响。我们所说的这个"多方面"，是指会影响收入、客户关系、内部流程、信息技术或员工培训、公司的内部认知、股票价格和评级、媒体关注度，以及监管评估的方面。事实证明，计分卡具有一些非常适合评估声誉风险的特征。

- 计分卡可以定制（当然不存在行业协会或监管机构推荐用来度量声誉风险的标准问卷一览表），因而它们的灵活度较大，容易根据业务、流程和公司的组织结构来设定。
- 它们可以让人专注于和扩展特定的主题或暴露领域。
- 它们的结构很简单，因而容易理解，对于填写和从中获得结果的人而言相对直接。
- 很容易发现不足之处和需要采取的措施，因为这些会在问卷中显示出来。
- 问卷的结构或模型以及权重的调整都非常简便。

对于所有基于专家判断的定性模型，最大的挑战可能是结果是有问题的，并且评估的一致性可能难以保证：

- 不同的分析员或受访员工可能会给出不同的答案，并对事件或声誉类型状况结果的影响或概率做出不同的估计。一方面使得这些信息的整合和阅读复杂化，另一方面使得设计保证一致性结果的问卷变得极为困难。
- 由于结果是基于个人意见和判断的，在比较不同时间的结果时会出现问题，有时候风险状况会增加，或与之相反，风险不变且稳定。
- 在不改变受访样本的情况下，我们发现同一个人在不同时间给出的答案相同，仅仅是确认他们之前的评估。
- 问卷越详细，填写就越费时，导致注意力不集中，增加了完成的难度。有时候，重复问卷调查并将其扩展到更多的人既困难又费时。

5.5　声誉风险事件案例

2008 年，很多银行开始遵循高级度量法体制，1 月 24 日，操作风险管理者也因为另一个原因而备受关注。当天上午，法国兴业银行宣布其因内部欺诈事件蒙受了 49 亿欧元的损失，这与几年前巴林银行发生的事件类似。一名员工使这家欧洲最稳健和最赚钱的银行陷入了财务、监管和声誉困境。该事件导致兴业银行损失了 2007 年的大部分利润，并使其资本增加了 55 亿欧元。

从监管角度来看，兴业银行是自 2008 年开始遵循高级度量法的。损失金额超过了银行业之前所有已知的操作损失。本节试图从操作、财务和声誉的角度描述该事件及其后果。我们的说明基于可获得的公开信息，如兴业银行自己发布的新闻和公开数据源。

5.5.1 事件描述

在一定程度上，兴业银行事件与其他事件类似，比如巴林银行（损失8亿英镑并破产）、爱尔兰联合银行和澳大利亚国民银行，我们将对兴业银行事件进行回顾。

5.5.2 背景介绍

兴业银行的这位交易员在中台工作了5年，因此对内部流程和监控程序有着深入的认识。2005年，他转到套利部门，负责欧洲股票市场的金融工具套利工作，这是一项自营交易业务。

套利业务包括在买入一个工具组合的同时卖出另一个非常相似但价值稍有差别的工具组合。这个细微的差别给套利业务带来利润或损失。由于这些差别很小，这项业务涉及很多具有很高名义价值的操作。然而，由于投资组合彼此非常相似且相互对冲，涉及的市场风险一般很小。这些仓位的风险受到持续监控。

兴业银行的这名交易员设法逃脱了监控，或者使监控不发生作用，插入虚假交易，并在银行的系统中登记了虚假交易。

5.5.3 虚假交易如何发生

兴业银行的这名交易员通过真实交易，利用主要的欧洲股票市场指数期货开发了一个初始投资组合。这些"正常"的商业活动接受每日检查，符合保证金追缴规定，并由银行来结算，或支付给银行。

第二个包含虚假交易的投资组合显然对冲了第一个的头寸,于是,只有较小的剩余风险是明显的。利用这种方法,他成功地隐藏了大量的投机的头寸。

兴业银行提供了以下细节:

为确保这些虚假交易不被立即发现,该交易员利用其数年处理和监控市场操作的经验,成功逃避了所有的监控,这些监控使银行能够检查交易员的操作特点,从而核查这些操作是否真实存在。

在实际操作中,交易员将几种欺诈方法结合起来躲避现有的监控。

- 确保虚假操作的性质能限制控制的机会。例如,选择特殊的操作,这些操作中不存在现金流动或保证金追缴要求,也不要求立即确认。
- 盗用操作员的 IT 访问码,以取消某些操作。
- 伪造文档,使他可以录入虚假操作。
- 确保虚假交易涉及的金融工具与他刚取消的那个不同,以提高其不被监控的概率。

5.5.4　发现和第一反应

欺诈大概在 2007 年开始,在当年年底就获利大约 14.7 亿欧元,直到 2008 年 1 月才被发现。

据兴业银行透露,该银行的一家子经纪公司的一名员工过去曾执行该交易员的交易,对冲其头寸,"一段时间前,交易员告诉他持有大量的头寸以及欧洲期货交易所(衍生物交易)的信息要求"。

2007年11月，欧洲期货交易所向兴业银行发出两次警示，兴业银行两次都给予了肯定的回复。

该事件的发展过程如下。

2008年1月18日，星期五

在发现经纪人存在异常交易对手风险之后，交易员提供的解释引起了额外的控制（有人说这是交易员的伪造交易阴谋存在某个"错误"导致的结果）。交易员的上司得到通知，然后他们又通知了部门管理层。下午，发现所记录的操作的交易对手似乎是一家大银行，但是确认邮件很可疑。已成立小组调查该情况。交易员的律师顾问之后声称，当时交易员的头寸未受损失。

2008年1月19日，星期六

交易员没有给出令人满意的解释，而交易也未被该大银行承认。于是交易员开始承认进行了非授权的交易以及执行了虚假操作。银行开始调查真实的头寸数额。

2008年1月20日，星期日

这天上午，所有的头寸都被发现，在下午早些时候得到了总暴露金额，大约为500亿欧元。注意，星期五夜间，兴业银行的市值还不到400亿欧元。银行董事长丹尼尔·布顿（Daniel Bouton）向法兰西银行行长报告了情况。审计委员会已计划对2007年的初步业绩进行评审。董事长布顿向委员会披露了头寸额，并宣布"他已经决定尽快关闭头寸，并且按照市场规定，延迟发布所有有关该事件的信息，以及 2007 年的业绩估计，直到所述头寸关闭为止"。之后他又通知了法国证券监管机构 AMF 的秘书长。在当天迟些时候召开的董事会会议上，布顿解释说："由于发现了特定市场活动中存在可能导致巨额损失的问题，很难发布 2007 年的业绩估计。"

2008 年 1 月 21 日，星期一

开始关闭头寸。情况很不利，为了就其在这些交易日使市场承压的指控进行辩护，兴业银行不止一次地强调，在 1 月 18 日星期五的下午欧洲市场就已呈现出强烈的下跌走势，而且周一在亚洲市场上也产生了下跌（在欧洲开市之前），如恒生指数下跌了 5.4%。该次平仓持续了 3 天以上，平仓量水平一直在 10% 以下（事实上，最大值出现在周一，在 Eurostoxx 期货中为 8.1%，而银行估计其对市场的影响在 0.5% 左右）。

2008 年 1 月 23 日，星期三

头寸在晚上完全关闭（或对冲）。造成 49 亿欧元的损失。当天董事会再次举行会议，告知全体成员此事的情况。

2008 年 1 月 24 日，星期四

开市之前，兴业银行向市场报告了该欺诈事件及其后果，要求暂停其股票的交易。兴业银行内部、法兰西银行以及警方都展开了调查。

2008年1月26日，星期六

兴业银行向监管机构报告了欺诈的方法以及银行已采取的行动。

5.5.5 计划和采取的行动

兴业银行采取了一系列行动，其中一些在新的证券发行指南中有介绍。以下排序不分先后：

- 交易员及其直属经理都被停职，等待调查结果。
- 股票衍生品分部的套利活动规模缩小。
- 执行新的控制程序。
- 开发IT安全优化程序（频繁更改密码，访问检查）。宣布使用生物特征身份鉴定控制系统。
- 引入新的警示指示器（控制和限制总名义金额，监督交易的取消，延迟开始的交易，持续确认内部对手，控制现金流，更严格的假日监控和反常行为监控）。
- 重组中台和前台之间的关系。建立专门负责交易安全的部门，其中包括负责搜寻欺诈交易的团队。加强诈骗风险培训，优化控制资源。
- 建立由独立董事组成的特别委员会，确保新的控制措施得到有效执行，且银行准确报告了调查结果。

5.5.6 对兴业银行造成的直接后果

对虚假头寸进行平仓之后形成了实际损失，同时，关联美国住

第 5 章 声誉风险管理

宅抵押贷款资产的账面价值减记比预想的更糟糕,这些都要求马上采取财务行动,兴业银行发行了新的股票:共发行了 55 亿欧元的认股权。

与大多数银行一样,兴业银行似乎已针对员工欺诈行为进行了投保,但是这很可能无济于事。这种保险只赔偿员工从操作中直接获利的欺诈行为。而且这种保险的保额可能不足以弥补如此大的损失。

可以从保险公司购买"欺诈交易员保险",其全球市场容量估计约为 10 亿美元。

在短时间内,出现了一系列调查和法律诉讼。我们记录了以下内容,但这并非全部:

- 银行委员会开始了一项调查,法国证券监管机构 AMF 也在调查兴业银行股票的财务信息和市场。
- 纽约布鲁克林地区律师和美国证券交易委员会(SEC)以及美国商品期货交易委员会(CFTC)调查了平仓的头寸。
- 一名股东在巴黎刑事法庭指控兴业银行的失职行为致使其股价下跌。
- 一群兴业银行的员工和前员工、股东以及 ASSACT SG 协会的成员提交了一项诉讼,称该事件对兴业银行的员工构成了财务影响。

评级机构也重新审视了兴业银行的评级。穆迪和惠誉将该行评级降低了一级,分别降至 AA2 和 AA,标准普尔则把兴业银行的评级定为负面展望（AA 级）。

5.5.7 声誉问题和评论

很多评论损坏了兴业银行的声誉。

据事件发生后的一项民意调查显示，法国公众广泛支持交易员，只有 15% 的受访者谴责交易员，超过一半的民众认为高管应对损失负责。

如同这种情况下经常出现的一样，前员工站出来，却使形势从声誉的角度而言变得更加糟糕。兴业银行的一位前任内部审计师接受媒体采访时指出，该事件的（部分）原因是审计及检查团队缺乏资历和经验。兴业银行声称这些评论是一种诽谤，源于个人动机。

图 5.6 比较了从 2008 年 1 月 2 日（=100）到 2 月 18 日兴业银行的股价和一些股票市场指数。对于 1 月 23 和 1 月 24 日，即欺诈宣布日期，标记的是收盘价。

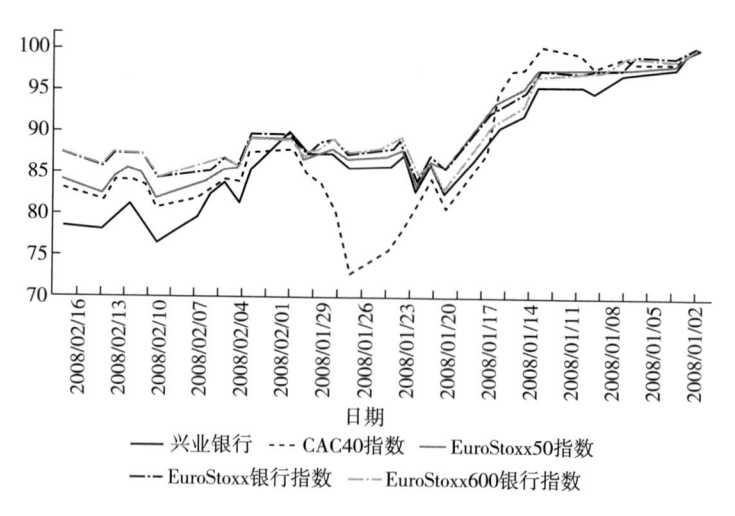

图 5.6　证券市场对兴业银行事件的反应

第 5 章　声誉风险管理

欺诈宣布当天，兴业银行的股价下跌了 4.1%，CAC40 指数上涨了 6.0%（Eurostoxx 50 指数上涨 6.5%）。考虑到法国市场其余股票的正收益（如 CAC40 指数所示），可以计算出兴业银行的声誉损失导致其股价下跌了 12%。

在接下来的几天里，随着细节的公布，股票价格进一步下跌，直到 1 月 28 日跌至最低价，比 1 月 23 日的价格低 10% 以上。

在那个时候，越来越多的人开始相信兴业银行会被马上收购，因为股票价格开始反弹。2 月 1 日的价格甚至比 1 月 23 日还高 11%。然而，要收购兴业银行并不容易：在持有 50% 的股票以前，任何股东在兴业银行最高都只有 15% 的投票权，然而双重投票权是保留给"长期股东"的，例如员工和库存股（共占 20% 的投票权）。

接下来的几天里，股票价格从该高位开始下滑，之后便随市场其他指数上下波动，再之后又受到次贷危机以及其他金融机构 2007 年全年数据的影响。

在观察期的最后，兴业银行股票价格维持在大约比 CAC40 指数及 Eurostoxx 50 指数低 10% 的位置，仅仅比两个银行指数（Eurostoxx 银行指数和 Eurostoxx 600 银行指数）低 6%~7%。除了这些消息公布的最初那些天以外，市场似乎不再过于责怪兴业银行。我们在这里想要对此做出一些评价：

1. 兴业银行股票出现在所有比较的指数中，于是也影响了它们的值。应该计算排除掉兴业银行股票的指数以获得更准确的指示。

2. 在所有宣布的银行和所有未宣布的银行之间存在"溢出"效

应。换言之，一家银行发生的重大损失事件会对其他未发生损失事件的银行的股价产生负面影响；该效应已经量化为宣布银行股价最大37%的波动。其他银行和指数的价格也受到兴业银行事件的消极影响，影响了兴业银行价格和其他股票价格之间的差异分析。

还应注意到，在最初几天里，兴业银行因其披露内容太少而受到批评。然而很快，该银行就披露了越来越多的欺诈细节，帮助澄清了一些观点，当然也减少了不确定性以及对其声誉的部分影响。资本增加的文件向公众传递了更多的信息。特别委员会于2008年2月20日发布了一份进展报告（可在该行的网站上找到），给出了很多案件细节。另外，为特别委员会提供支持的普华永道的调查结果也将公布。

这些努力可以看作为了管理声誉风险所做的尝试：一旦坏事暴露，最好的办法是保持透明，披露所有信息，告诉人们你做了什么来改善状况。

兴业银行看起来并未受到市场的严重惩罚。

银行监管机构对此的反应又是一个完全不同的问题。除兴业银行以外，监管者将如何审视"兴业之后"的其他银行？监管机构目前对于其他银行的AMA框架有多大信心？预计在2008年和2009年的监管机构审计中将出现某些确切的问题。还有，监管者会使用《巴塞尔协议Ⅱ》中的第二支柱来提高针对"兴业风险"的最低资本要求吗？

这个事件将如何影响AMA银行资本要求的计算？从外部损失数

据的观点来看，该事件将增加对其他银行的资本要求，最高可达 5 000 万欧元。

5.5.8 事件教训

尽管兴业银行的案例与很多过去发生的高损失案例相似，但它向该行业的一些公司敲响了警钟。当然在 1 月份的最后几天以及 2 月份里，操作风险部门、信息技术部门及审计部门都在忙于做出快速检讨，以回答一个来自管理层和管理委员会的简单问题："这有可能发生在我们身上吗？"如果银行还没有这样做，那么它们的监管者也会问同样的问题。联合信贷集团也快速审视了某些风险暴露领域。

5.5.9 心理上的"软"因素

有时当我们回顾导致灾难性事件发生的情形时，发现这些事件仿佛注定要发生。对于兴业银行事件，人们很容易这样想。不过，这只是部分事实。有些因素只有在破坏造成之后才会变得清晰，尤其是对于一些"软"因素更是如此，如公司文化和个人行为。

尽管就银行整体而言，这些因素难以把握，然而一线经理可能已在交易员的行为中发现了一些这样的"软"因素。没有假期，不满和高度自尊，超出范围的奖金需求，等等，整个状况证明，不时加以额外控制是合理的。控制软因素可能是银行更愿意去做的事情，也是人力资源部门可以支持一线经理的地方。

5.5.10 控制工具

到目前为止，公布的文件给了我们一些可能的失败控制的建议。

例如，银行应该检查对所有产品和地点设置的限制或控制是否不切实际。其他的控制应包括现金流、保证金追缴和支付、押金以及对手结算。这些可能需要投入大量信息技术资源和人力资源，也很耗时，但是这样的控制是必要的。

信息技术安全性是另一个关键领域：经过多年争论后，在兴业银行事件中，密码保护也发挥了一定作用，同样还有虚假电子邮件。现在正在考虑对从事交易的员工采取基于生物特征的访问控制。

媒体还报道，兴业银行正建立一个内部"黑客"团队来测试信息技术的安全性。

5.5.11 管理数据和信号

在这里，我们想做一个最后或许也是最重要的评价。在澳大利亚国民银行 2004 年发生的 3 600 万澳元欺诈案中，一些交易员的交易持续超出限制，原因在于他们的监督人员认为用于监控流程的风险数值不可靠，从而将其忽略。与之类似，在兴业银行的案例里，不考虑欧洲期货交易所的质询，交易者的未授权交易就在监控流程中触发了 93 次警报（这个数字是媒体报道的，兴业银行特别委员会的进展报告给出了 75 个警报的细节）。

我们需要专门的人员和时间来控制这个数据。

最后，衍生品业务发展迅猛，很多银行都在努力追赶其发展，这导致了交易确认的积压——监管机构在 2007 年不止一次地警告，这可能会造成危险。也许兴业银行的中台和后台只是发展得不够快，不能赶上前台业务成功增长的步伐。

结论

近年来，金融机构进行了重大投资，以符合《巴塞尔协议Ⅱ》的要求。对于很多银行而言，这意味着在公司建立一个新的职能部门来负责管理操作风险，其中涉及制定内部规则和职责、与其他负责控制和流程的部门之间的关系、招聘和培训员工，以及开发支持新活动的工具和应用。这需要投入大量时间和精力，还需要进一步投入资金。这有两个方面的原因：一是因为这样的部门与成立时间较长的风险控制机构相比，还存在一定差距；二是因为该职能机构承担着规范公司行为的巨大责任，贯穿于整个公司架构和所有业务流程。

我们认为其中一些挑战需要引起管理者的特别关注。

- 当前的操作风险度量仍有待进一步研究。不论是损失分布方法，还是基于情景的方法，抑或其他方法，银行仍处于操作风险模型开发的初级阶段。需要进行进一步的工作来证实这些结果和方法的正确性。这可能需要耗费多年时间，因为针对罕见的、事件驱动型的风险建模进行回溯测试并不是一朝一夕的事情。

- 在个体商户和产品层面，为了正确衡量绩效，越来越需要经济资本。当前集中于综合资本度量的操作风险模型应该提供这些层面的风险数据。

- 必须考虑间接成本。信息技术成本以及服务不足和无效率带来的间接影响并不会直接导致损失，因此也不一定考虑在操作风险资本之内，但这降低了正确度量风险暴露的可能性。

- 控制操作风险仍然困难重重，它需要对不断变化的流程和业务结构进行定期更新和修改。如果我们要建立有效的操作风险控制流程，这将对管理构成挑战。

- 满足《巴塞尔协议Ⅱ》的要求（不论是基本要求还是高要求），不会因该协议的实施而终止。公司绝不能忘记，操作风险存在于所有流程当中，而且是最难监督和测量的风险类型之一。

- 经验告诉我们，就监管者分配的任务和职责而言，操作风险管理部门是一个既新且小的部门。迄今为止，操作风险控制部门仍依附于其他现有的内部控制机构，包括内部审计、安全、市场或信用风险管理、合规部门。尽管操作风险职能与这些部门之间的关系仍具有根本的重要性，但是操作风险管理有着自身的职责，且该职责不能委派给其他组织机构来执行。管理层必须清楚操作风险部门的职责，必须为其配备足够的人员。一旦申请了《巴塞尔协议Ⅱ》，尤其是最高级的模型，公司就不应当低估对监管机构（和市场）做出的承诺。监管机构期望公司对于操作风险控制给予最高度的重视，并且会继续投入时间、资本以及人力来强化壮大这个部门。

- 监管要求发展的下一步是信用风险的边界暴露。《巴塞尔协议Ⅱ》仅要求金融机构找出由操作事件（欺诈、执行差错、文件丢失等，见第 2 章）导致的信用违约记录，并在操作风险管理数据库中加以报告。尽管在操作风险对信用违约的影响方面没有可获得的公开统计数据，我们仍然认为，这代表着总信用风险的一个重要组成部分。《巴塞尔协议Ⅱ》并不要求重新评估金融机构排除操作导致的违约之后的信用风险，但这并不意味着应该低估它：将这些文件排除在外并将其包含在操作风险数据集中用来进行风险资本度量，很可能会成为强制性要求。这对于银行的风险资本估价将产生不可预计的影响，影响到准备金水平、资本比率以及适当的操作风险控制流程的相关性。我们认为银行应当开始进行必要的投资，以识别信用担保中存在的操作风险并制定各种流程：拖延只会使将来投入的精力和成本更大，而现在就处理它则可确保获得竞争优势。

- 要保证有效的操作风险控制，就必须与其他内部控制部门保持联系。操作风险部门不应依赖别的内部控制部门或者将其职责委派给它们来完成。操作风险控制强调风险管理、合规、安全以及内部审计之间的相互作用。银行需要保证风险控制活动既不重复，也不处于无控制状态。

在本书中，我们研究了操作风险和声誉风险，认为二者相互联系、相互影响：公司可能会发现操作风险部门将操作控制和声誉控制活动结合起来是有效的。我们曾经提到，操作风险并未被专门进行规范，但也不应让它不受控制，因为它是任何银行都会面临的最大风险。虽然事实上它不一定列于强制监管资产要素列表当中，并且我们尚未找到一种标准的度量和管理操作风险的方法，但这种风险不应被低估：我们认为银行应当采用一个模型来度量声誉风险资本，包括客户的间接损失，从而完整地、正确地评估风险资本和度量绩效。

参考文献

1. Banca d'Italia (2006) *Nuove disposizioni di vigilanza prudentaile per le banche – Circolare n. 263 del 27 dicembre 2006.*
2. Basel Committee on Banking Supervision (2004) *International Convergence of Capital Measurement and Capital Standards*, supporting document to the New Basel Capital Accord.
3. Moscadelli, M. (2004) *The Modelling of Operational Risk Experience with the Analysis of the Data Collected by the Basel Committee.* Banca d'Italia, Termini di discussione No. 517.
4. CEBS (2006) *Guidelines on the implementation, validation and assessment of Advanced Measurement (AMA) and Internal Ratings Based (IRB) approaches.*
5. Piacenza, F., Ruspantini, D. and Soprano A. (2006) Operational risk class homogeneity. *The Journal of Operational Risk*, 1(3), 51–59.
6. Klugman, S., Panjer, H. and Willmot, G. (1998) *Loss Models: From data to decisions*, John Wiley & Sons, Inc., New York.
7. de Fontnouvelle, P., De Jesus-Rueff, V., Jordan, J. and Rosengren, E. (2003) *Using Loss Data to Quantify Operational Risk*, Federal Reserve Bank of Boston.
8. Dutta, K. and Perry, J. (2006) *A Tale of Tails: An empirical analysis of loss distribution models for estimating operational risk capital.* Federal Reserve Bank of Boston, working paper.
9. Gabbi, G., Marsella, M. and Massacesi, M. (2005) *Il rischio operative nelle banche*, Egea.
10. Resti, A. and Sironi, A. (2007) *Risk Management and Shareholders Value in Banking*, John Wiley & Sons, Ltd, Chichester.
11. Tukey, J. (1977) *Exploratory Data Analysis*, Addison-Wesley.
12. Boos, D. D. (1982) Minimum Anderson–Darling estimation, *Communications in Statistics*, 11(24), 2747–2774.
13. Frachot, A. and Roncalli, T. (2002) *Mixing internal and external data for managing operational risk.* Groupe de Recherche Operationnelle, Credit Lyonnais, France, working paper.
14. Lambrigger, D. D., Shevchenko, P. V. and Wüthrich, M. V. (2007) *The Quantification of Operational Risk using Internal Data, Relevant External Data and Expert Opinions*, working paper.
15. Mignola, G. and Ugoccioni, R. (2006) Effect of a Data Collection Threshold in the Loss Distribution Approach. *Journal of Operational Risk*, 1(4).

16. Bazzarello, D., Crielaard, B., Piacenza, F. and Soprano A. (2006) Modeling insurance mitigation on operational risk capital. *The Journal of Operational Risk*, **1**(1), 57–65.
17. Neslehová, J., Embrechts, P. and Chavez-Demoulin, V. (2006) Infinite Mean Models and the LDA for Operational Risk. *Journal of Operational Risk*, **1**(1), 3–25.
18. Sklar, A. (1959) *Fonctions de repartition à n dimensions et leurs marges*. Publications de l'Institut de Statistique de l'Université de Paris.
19. McNeal, A. J., Frey, R. and Embrechts, P. (2005) *Quantitative Risk Management*. Ed. Princeton Series in Finance.
20. Gumbel, E. J. (1960) *Distributions des valeurs extremes en plusieurs dimensions*. Publications de FInstitut de Statistique de l'Université de Paris.
21. Hougaard, P. (1986) A Class of Multivariate Failure Time Distributions. *Biometrika*, **73**, 671–678.
22. Aas, K. (2004) *Modeling the dependence structure of financial assets: A survey of four copulas*. Note, Norwegian Computing Centre, December 2004.
23. Romano, C. (2002) *Calibrating and simulating copula functions: An application to the Italian stock market*. Working paper 12, CIDEM.
24. Böcker. K. and Klüppelberg, C. (2005) Operational VAR: A closed-form approximation, *Risk* magazine, December, 90–93.
25. Böcker, K. (2006) Operational Risk: Analytical Results When High Severity Losses Follow a Generalized Pareto Distribution. *Journal of Risk*, **8**(4), 117–120.
26. Böcker, K. and Sprittulla, J. (2006) Operational VAR: Meaningful Means. *Risk* magazine, December.
27. Baud, N., Frachot, A. and Roncalli, T. (2002) *How to avoid overestimating of capital charge*. Groupe de Recherche Operationelle, Credit Lyonnais, France, working paper.
28. Chapelle, A., Crama, Y., Hubner, G. and Peters, J. P. (2004) *Basel II and Operational Risk: Implications for Risk Measurement and Management in the Financial Sector*. National Bank of Belgium, working paper.
29. Mignola, G. and Ugoccioni, R. (2006) Sources of Uncertainty in Modelling Operational Risk Losses. *The Journal of Operational Risk*, **1**(2), 33–50.
30. Aue, F. and Kalkbrener, M. (2007) LDA at Work: Deutsche Bank's Approach to Quantifying Operational Risk. *Journal of Operational Risk*, **1**(4), 49–93.
31. Morone, M., Cornaglia, A. and Mignola, G. (2007) *Economic capital assessment via copulas: aggregation and allocation of different risk types*. Available at http://www.DefaultRisk.com.

延伸阅读

Artzner, P., Delbaen, F., Eber, J.-M. and Heath, D. (1999) Coherent measures of risk. *Mathematical Finance*, **9**, 203–228.

Azzalini, A. and Vedaldi, R. (1987) *Introduzione all'Inferenza Statistica Parametrica*. Cleup, Padova.

Balkema, A. A. and de Haan, L. (1974) Residual lifetime at great age. *Annals of Probability*, **2**, 792–804.

Barndorff-Nielsen, O. and Lindner, A. (2004) *Some aspects of Lévy copulas*. Preprint. Munich University of Technology. Available at http://www.ma.tum.de/stat/

Basel Committee on Banking Supervision (2003) *The 2002 Loss Data Collection Exercise for Operational Risk: Summary of the Data Collected.*

Basel Committee on Banking Supervision. (2004) *Principles for the Home-Host Recognition of AMA Operational Risk Capital.*

Basel Committee on Banking Supervision. (2005) *The Treatment of Expected Losses by Banks Using the AMA Under the Basel II Framework.*

Basel Committee on Banking Supervision. (2006) *Home-host information sharing for effective Basel II implementation.*

Basel Committee on Banking Supervision. (2007) *Principles for Home-Host Supervisory Cooperation and Allocation Mechanisms in the Context of Advanced Measurement Approaches.*

Basu, A. (2002) Outlier resistant minimum divergence methods in discrete parametric models. *Sankhya: The Indian Journal of Statistics (B)*, **64**, 128–140.

Baud, N., Frachot, A. and Roncalli, T. (2002) How to Avoid Over-Estimating Capital Charge for Operational Risk? *Operational Risk*, February.

Baud, N., Frachot, A. and Roncalli, T. (2002) *Internal data, external data and consortium data for operational risk measurement: How to pool data properly*. Groupe de Recherche Operationnelle, Credit Lyonnais, France, working paper.

Bee, M. (2005) *Copula-based Multivariate Models with Applications to Risk Management and Insurance.*

Bee, M. (2005) *On Maximum Likelihood Estimation of Operational Loss Distributions.*

Bingham, N. H., Goldie, C. M., and Teugels, J. L. (1987) *Regular Variation*. Cambridge University Press, Cambridge.

Bocker, K. and Kluppelberg, C. (2006) *Multivariate Models for Operational Risk.*

Bocker, K. and Kluppelberg, C. (2007) *Multivariate Operational Risk: Dependence Modelling with Levy Copulas.*

Brandts, S. (2004) *Operational Risk and Insurance: Quantitative and Qualitative Aspects*. EFMA 2004 Basel Meetings Paper.

Brown, D. and Wang, J. (2005) Discussion on "Quantitative models for operational risk: extremes, dependence and aggregation". Presentation. *Implementing an AMA to Operational Risk,* Federal Reserve Bank of Boston, May 18–20.

Bühlmann, H., Shevchenko, P. and Wuethrich, M. V. (2007) *A "Toy" Model for Operational Risk Quantification Using Credibility Theory*.

Chanseok, P. and Ayanendranath, B. (2003) The generalized Kullback–Leibler divergence and robust inference. *Journal of Statistical Computation and Simulation*, **73**(5), 311–332.

Chavez-Demoulin, V. and Embrechts, P. (2004) Advanced extremal models for operational risk.

Chavez-Demoulin, V., Embrechts, P. and Neslehova, J. (2006) Quantitative models for operational risk: extremes, dependence and aggregation. *Journal of Banking and Finance*, **30**(10), 2635–2658.

Chernobai, A. and Rachev, S. (2004) *Toward Effective Financial Risk Management: Stable Modeling of Operational Risk*.

Chernobai A. and Rachev S. T. (2004) Stable modelling of operational risk operational risk modelling and analysis, In Cruz M. G. (ed.) *Theory and Practice*, RISK Books, London, pp. 139–169.

Chernobai A. and Rachev S. T. (2006) Applying robust methods to operational risk modelling. *Journal of Operational Risk*, **1**(1), 27–41.

Chernobai A., Burneçki K., Rachev S. T., Trück S. and Weron R. (2006) Modelling catastrophe claims with left-truncated severity distributions. *Computational Statistics*, **21**(3), 537–555.

Chernobai, A., Jorion, P. and Yu, F. (2008) *The Determinants of Operational Losses*. Technical Report, Syracuse University.

Chernobai, A., Menn, C., Trueck, S. and Rachev, S. (2004) *A Note on the Estimation of the Frequency and Severity Distribution of Operational Losses*.

Chernobai, A., Menn, C., Rachev, S. and Trueck, S. (2005) *Estimation of Operational Value-at-Risk in the Presence of Minimum Collection Thresholds*.

Chernobai A., Menn C., Rachev S. T. and Trück S. (2006) A note on the estimation of the frequency and severity of operational losses. *Mathematical Scientist*, **30**(2), 87–97.

Chernobai, A., Menn, C., Rachev, S., Trueck, S. and Moscadelli, M. (2006) Treatment of incomplete data in the field of operational risk: The effects on parameter estimates, EL and UL figures. In Davis, E. (ed.) *The Advanced Measurement Approach to Operational Risk*, RISK Books, London, pp. 145–168.

Chernobai, A., Rachev, S. T. and Fabozzi, F. J. (2007). *Operational Risk: A Guide to Basel II Capital Requirements, Models and Analysis*. John Wiley & Sons, Inc, Hoboken, NJ.

Chernobai, A., Svetlozar, R., and Fabozzi, F. (2005) *Composite goodness-of-fit tests for left-truncated loss samples*, working paper.

Cherubini, U., Luciano, E. and Vecchiato, W. (2004) *Copula Methods in Finance*. John Wiley & Sons, Ltd, Chichester.

Coles, S. (2001) *An Introduction to Statistical Modeling of Extreme Value*, Springer.

Cont, R. and Tankov, P. (2004) *Financial Modelling With Jump Processes*, Chapman & Hall/CRC, Boca Raton.

Cruz, M. G. (2002) *Modeling, Measuring and Hedging Operational Risk*, John Wiley & Sons, Ltd, Chichester.

Cummins, D., Lewis, C. and Wei, R. (2004) *The Market Value Impact of Operational Risk Events For U.S. Banks and Insurers*. Available at: SSRN: http://ssrn.com/abstract=64001.

Da Costa Lewis, N. (2004) *Operational Risk with Excel and VBA: Applied Statistical Methods for Risk Management*. John Wiley & Sons, Ltd, Chichester.

Dalla Valle, L., Fantazzini, D. and Giudici, P. (2006) *Copulae and Operational Risks*.

Daul, S., De Giorgi, E., Lindskog, F. and McNeil, A. J. (2003) Using the grouped t copula. *Risk*, 73–76.

de Fondnouvelle, P. and Jordan, J. (2004) *Implications of Alternative Operational Risk Modeling Techniques*.

de Fondnouvelle, P., DeJesus-Rueff, V., Jordan, J. and Rosengren, E. (2003) *Capital and Risk: New Evidence on Implications of Large Operational Losses*.

Degen, M. and Embrechts, P. (2008) EVT-based estimation of risk capital and convergence of high quantiles. *Advances in Applied Probability* **40**(3), 696–715.

Degen, M., Embrechts, P. and Lambrigger, D. D. (2006) The quantitative modeling of operational risk: between g-and-h and EVT. *ASTIN Bulletin*, **37**(2), 265–291.

Dell'Aquila, R. and Embrechts, P. (2006) Extremes and robustness: a contradiction? *Financial Markets and Portfolio Management*, **20**, 103–118.

Demarta, S. and McNeil, A. J. (2005) The t copula and related copulas. *International Statistical Review*, **73**(1), 111–129.

Dutta, K. and Babbel, F. (2002) *On measuring skewness and kurtosis in short rate distributions: the case of the US dollars London inter bank offer rates*. Wharton – Financial institutions center.

Ebnoether, S., Vanini, P., McNeil, A. J. and Antolinez-Fehr, P. (2003) Operational Risk: A practitioner's view. *Journal of Risk*, **5**(3), 1–15.

El-Gamal, M., Inanoglu, H. and Stengel, M. (2006) *Multivariate Estimation for Operational Risk with Judicious Use of Extreme Value Theory*.

Embrechts, P. (2000) Extreme value theory: Potential and limitations as an integrated risk management tool. *Derivatives Use, Trading & Regulation*, **6**, 449–456.

Embrechts, P. (2000) *Extremes and integrated risk management*. Risk books.

Embrechts, P. (2008) Copulas: A personal view. *Journal of Risk and Insurance*.

Embrechts, P. and Frei, M. (2007) Panjer recursion versus FFT for compound distributions. *Mathematical Methods of Operations Research*.

Embrechts, P. and Höing, A. (2006) Extreme VaR scenarios in higher dimensions. *Extremes*, **9**, 177–192.

Embrechts, P. and Mikosch, T. (2000) *Mathematical Models in Finance*.

Embrechts, P. and Puccetti, G. (2006) Aggregating risk capital, with an application to operational risk. *The Geneva Risk and Insurance Review* **31**(2), 71–90.

Embrechts, P. and Puccetti, G. (2006) Bounds for functions of dependent risks. *Finance and Stochastics*, **10**, 341–352.

Embrechts, P. and Puccetti, G. (2006) Bounds for functions of multivariate risks. *Journal of Multivariate Analysis* **97**(2), 526–547.

Embrechts, P. and Puccetti, G. (2008) Aggregating risk across matrix structured loss data: the case of operational risk. *Journal of Operational Risk*.

Embrechts, P., et al. (2001) *An Academic Response to Basel II*, Financial Markets Group, London School of Economics.

Embrechts, P., Furrer, H. and Kaufmann, R. (2003) Quantifying regulatory capital for operational risk. *Derivatives Use, Trading & Regulation*, **9**(3), 217–233.

Embrechts, P., Hoeing, A. and Juri, A. (2003) Using Copulae to bound the Value-at-Risk for functions of dependent risks. *Finance & Stochastics*, **7**(2), 145–167.

Embrechts, P., Kaufmann, R. and Samorodnitsky, G. (2004) Ruin theory revisited: stochastic models for operational risk. In Bernadell, C., et al. (eds.) *Risk Management for Central Bank Foreign Reserves*, European Central Bank, Frankfurt A.M., pp. 243–261.

Embrechts, P., Klüppelberg, C. and Mikosch, T. (1997) *Modelling Extremal Events for Insurance and Finance*. Springer.

Embrechts, P., Lambrigger, D. D. Wüthrich, M. V. (2008) Multivariate extremes and the aggregation of dependent risks: examples and counter-examples. *Extremes*.

Embrechts, P., Lindskog, F. and McNeil, A. (2003) Modelling dependence with copulas and applications to risk management. In Rachev, S. (ed.) *Handbook of Heavy Tailed Distributions in Finance*, Elsevier, Chapter 8, pp. 329–384.

Embrechts, P., McNeil, A. and Straumann, D. (2002) Correlation and dependence in risk management: Properties and pitfalls. In Dempster, M. (ed.) *Risk Management: Value at Risk and Beyond*, Cambridge Univesity Press, pp. 176–223.

Embrechts, P., McNeil, A. and Frey, R. (2005) *Quantitative risk management*. Princeton.

Embrechts, P., Resnick, S. and Samorodnitsky, G. (1999) Extreme value theory as a risk management tool. *North American Actuarial Journal* **3**, 30–41.

Federal Reserve System (2005) *Results of the 2004 Loss Data Collection Exercise for Operational Risk*.

Fombrun, C. J. and Van Riel, C. B. M. (2004) *Fame and fortune: how successful companies build winning reputaions*. Financial Times/Prentice Hall.

Frachot, A., Georges, P. and Roncalli, T. (2001) *Loss Distribution Approach for operational risk*. Groupe de Recherche Operationnelle, Credit Lyonnais, France, working paper.

Frachot, A., Moudoulaud, O. and Roncalli, T. (2003) *Loss Distribution Approach in Practice*. Groupe de Recherche Operationnelle, Credit Lyonnais, France, working paper.

Frachot, A., Roncalli, T. and Salomon, E. (2004) The Correlation Problem in Operational Risk.

Frees, E. W. and Valdez, E. A. (1998) Understanding relationships using copulas. *North American Actuarial Journal*, **2**, 1–25.

Genest, C. and Neslehova J. (2008) Analytical proofs of classical inequalities between Kendail's tau and Spearman's rho. *Proceedings of the 8th Tartu Conference on Multivariate Statistics & the 6th Conference on Multivariate Distributions with Fixed Marginals, to appear*.

Genest, C. and Rivest, L. (1993) Statistical inference procedures for bivariate Archimedean copulas. *Journal of the American Statistical Association*, **88**, 1034–1043.

Giacometti, R., Rachev, S. T., Chernobai, A., Bertocchi, M. and Consigli, G. (2007) Heavy-tailed distributional model for operational losses. *Journal of Operational Risk*, **2**(1), 55–90.

Giacometti, R., Rachev, S. T., Chernobai, A. and Bertocchi, M. (2008) Aggregation Issues in Operational Risk. *Journal of Operational Risk*, **3**(3).

Hosking, J. R. M., Wallis, J. R. and Wood, E. F. (1985) Estimation of the generalized extreme-value distribution by the method of probability-weighted moments, *Technometrics*, **27**, 251–261.

Hosking, J. R. M. and Wallis, J. R. (1987) Parameter and quantile estimation for the generalized pareto distribution. *Technometrics*, **29**(3).

Jobst, A. (2007) *Operational Risk - The Sting is Still in the Tail But the Poison Depends on the Dose*.

Jorion, P. (2000) *Value at Risk*. McGraw Hill.

Kallsen, J. and Tankov, P. (2006) Characterization of dependence of multivariate Lévy processes using Lévy copulas. *Journal of Multivariate Analysis*, **97**, 1551–1572.

Kim, J. and Lee, S. (1999) *An iterative algorithm for the Cramer–von Mises distance estimator*.

Klüppelberg, C. and Mikosch, T. (1997) Large deviations of heavy-tailed random sums with applications in insurance and finance. *Journal of Applied Probability*, **34**, 293–308.

Kullback, S. (1959) *Information Theory and Statistics*. Dover Publications, New York.

Kullback, S. and Leibler, R. A. (1951) *On information and sufficiency*. Annals of Mathematics and Statistics, **22**, 79–86.

Lane, M. (2002) *Alternative Risk Strategies*. Risk Books.

Larkin, J. (2002) *Strategic Reputation Risk Management*, Palgrave Macmillan.

Lindskog, F, McNeil, A. J. and Schmock, U. (2003) Kendall's tau for elliptical distributions. In Bol, Nakhaeizadeh, Rachev, Ridder and Vollmer., (eds.) *Credit Risk - Measurement, Evaluation and Management*, Physica-Verlag Heidelberg.

McConnell, P. J. (2006) *A Perfect Storm - Why Are Some Operational Losses Larger than Others?*

McNeil, A. J. (1997) Estimating the tails of loss severity distributions using extreme value theory. *ASTIN Bulletin*, **27**, 117–137.

McNeil, A. J. (1999) *Extreme Value Theory for Risk Managers*.

McNeil, A. J. (2008) Sampling nested Archimedean copulas. *Journal of Statistical Computation and Simulation*, **78**(6), 567–581.

McNeil, A. J. and Frey, R (2000) Estimation of tail-related risk measures for heteroscedastic financial time series: an extreme value approach. *Journal of Empirical Finance*, **7**, 271–300.

McNeil, A. J. and Saladin, T. (1997) The peaks over thresholds method for estimating high quantiles of loss distributions. *Proceedings of 28th International ASTIN Colloquium*.

McNeil, A. J. and Saladin, T. (2000) Developing scenarios for future extreme losses using the POT method. In Embrechts, P. M. E., (ed.) *Extremes and Integrated Risk Management*, RISK books, London.

Medova, E. (2001) *Operational Risk Capital Allocation and Integration of Risks*.

Mignola, G. and Ugoccioni, R. (2005) *Tests of Extreme Value Theory Applied to Operational Risk Data*.

Moscadelli, M., Chernobai, A. and Rachev S. T. (2005) Treatment of missing data in the field of operational risk: The impacts on parameter estimates, EL, VaR, and CVaR figures. *Operational Risk*, **6**(6), pp. 28–34.

Nam, D. (2001) *Value at risk: a quantile-based distribution approach for incorporating skewness and fat-tailedness*. INHA University, PhD thesis.

Nelsen, R. B. (1999) *An Introduction to Copulas*. Lecture Notes in Statistics 139, Springer, N.Y.

Nguyen, M. and Ottmann, M. (2005) Das dicke Ende. *RiskNews*, July.

Pappadà, A. (2003) *I rischi operativi nelle banche. Misurazione e gestione.* edibank.

Perry, J. and de Fontnouvelle, P. (2005). *Measuring Reputational Risk: The market Reaction to Operational Loss Announcements*. Technical Report, Federal Reserve Bank of Boston.

Peters, G., Johansen, A. and Doucet, A. (2007) *Simulation of the Annual Loss Distribution in Operational Risk via Panjer Recursions and Volterra Integral Equations for Value at Risk and Expected Shortfall Estimation*.

Pfeifer, D. and Neslehova, J. (2003) Modeling Dependence in Finance and Insurance: the Copula Approach. *Blätter der deutschen Gesellschaft für Versicherungs- und Finanzmathematik, Bd. XXVI/2*.

Pickands, J. III. (1975) *Statistical inference using extreme order statistics*. Annals of Statistics, **3**, 119–131.

Powosjowski, M. R., Reynolds, D. and Tuenter, J. H. (2002) Dependent events and operational risk. *Algo Research Quarterly*, **5**(2), 65–73.

Rachev, S. T., Chernobai, A. and Menn, C. (2006) Empirical examination of operational loss distributions. In Morlock, M., et al. (eds.) *Perspectives on Operational Research*, Deutscher Universitaet-Verlag/GWV Fachverlage GmbH, Wiesbaden, pp. 379–401.

Rayner, G. D. and MacGillivray, H. L. (2002) Numerical maximum likelihood estimation for the g-and-k generalized g-and-h distributions. *Statistics and Computing*, **12**(1), 57–75.

Reshetar, A. (2004) *Operational Risk and the Effect of Diversification on Capital*. Working Paper.

Resnick, S. I. (1987) *Extreme Values, Regular Variation, and Point Processes*, Springer, New York.

Romano, C. and Di Clemente, A. (2003) *A Copula Extreme Value Theory Approach for Modeling Operational Risk*. Working Paper.

Rosenberg, J. V. and Schuermann, T., (2006) A general approach to integrated risk management with skewed, fat-tailed risks. *The Journal of Financial Economics*, **79**(3), 569–614.

Shevchenko, P. and Wuethrich, M. V. (2006) *The Structural Modelling of Operational Risk via Bayesian Inference: Combining Loss Data with Expert Opinions*.

Sklar, A. (1996) Random variables, distribution functions, and copulas – a personal look backward and forward. In *Distributions with Fixed Marginals and Related Topics*, L. Rüschendorff, B. Schweizer and M. Taylor (Eds), Institute of Mathematical Statistics, Hayward, CA, pp. 1–14.

Steinhoff, C. and Baule, R. (2006) *How to Validate Op Risk Distributions*.

Tang, A. and Valdez, E. A. (2006) *Economic Capital and the Aggregation of Risks Using Copulas*.

Venables, W. N. and Ripley, B. D. (2002) *Modern Applied Statistics with S*. Springer.

Wegman, E. J. (1981) Density estimation. In *Encyclopedia of Statistical Sciences*, S. Kotz and N. L. Johnston (Eds), John Wiley & Sons, Inc. New York, **2**, 209–315.

Yasuda, Y. (2003) *Application of Bayesian Inference to Operational Risk Management*.

致谢

我们首先要感谢 Elisabetta Magistretti，没有他的独到见解和这些年的支持，就没有这本书。特别感谢联合信贷操作风险管理部的同事，事实上，他们也是这本书的合著者：Davide Bazzarello，Fabio Monti，Loredana Demeo，Valeria Demori，Chiara Ejbich，Angele Fortini，Rossella Galbiati，Monoca Arrighi，Gabriele Maucci，Marco Penzo，Marjo Prodi，Michael Brunner，Riccardo Chiavolini。

我们要特别感谢 Eric Banks，他在我们写作此书时给予我们极大的启发。感谢 Gunnar Krug、Nicoletta Ficca、Luana Spertini、Daniela Manzato、Andrea Spanno，帮助我们检查了文字和模型。感谢惠誉集团的 Algorithmics 公司，允许我们在很多例子中使用他们的国际损失数据集——OpData d - base。

非常感谢以上所有人，以及诸多提出有益建议的同事和朋友。